AF561363

Lettres à Gerda
Septembre 1945 – Novembre 1946

Graveurs de mémoire

Collection dirigée par Jérôme Martin

Cette collection est consacrée à l'édition de témoignages et récits personnels divers contemporains.

Déjà parus

Verheuge (Robert), *Ah, vous dirai-je maman ! Récit sur trois générations*, 2022.

Boutan (Pierre), *L'héritage du grand-père maudit. D'Auch 1864 au bagne de Guyane 1903*, 2022.

Maldonado (Michèle), *Le village de Bras au siècle dernier. Quand nous étions petites filles*, 2022.

Lima (Paulina), *Femme de syndicaliste*, 2022.

Thach Toan, *Un enfant du Mékong. L'objet d'un destin*, 2022.

Marx (Jean-Luc), *Ma France*, 2022.

Bouttier (Jean-Paul), *Petite fugue aux oubliettes. Portraits de détenus longues peines*, 2022.

Messahel (Michel), *Itinéraire d'un harki, mon père. De l'Algérois à l'Aquitaine, Histoire d'une famille. Troisième édition revue et augmentée*, 2022.

Lassère (François), *L'affaire algérienne. Témoignage et réflexions*, 2021.

Loisel (Jean-Raymond), *Lignes de vie. Un itinéraire personnel, une démarche de transmission*, 2021.

Ces dix derniers titres de ce secteur sont classés par ordre chronologique en commençant par le plus récent.
La liste complète des parutions, avec une courte présentation du contenu des ouvrages, peut être consultée sur le site www.editions-harmattan.fr

André Lacaze

Lettres à Gerda
Septembre 1945 – Novembre 1946

précédé de
Carnet du retour en France (1945)

5-7, rue de l'École-Polytechnique ; 75005 Paris

http://www.editions-harmattan.fr/

ISBN : 978-2-343-24897-4
EAN : 9782343248974

Dans l'écriture, la main parle
Dans la lecture, les yeux entendent les paroles
Eugène Géruzez
Mélanges et pensées

Avant-propos

Ce recueil présente les 62 lettres écrites entre septembre 1945 et novembre 1946 par mon père, André Lacaze, à sa fiancée allemande Gerda Matting.

André, jeune instituteur originaire de Charente-Inférieure (département devenu Charente-Maritime en 1941), fut mobilisé en 1939, et affecté au service sanitaire du 98e régiment d'infanterie de Bourges. Fait prisonnier par les Allemands, le 19 mai 1940, à Catillon-sur-Sambre (département du Nord), il transitera par un camp en Pologne, avant de se retrouver finalement dans la région de Berlin. Il sera alors employé par un entrepreneur privé (électricien) domicilié à Ahrensfelde, ville limitrophe de Berlin. Là il fut bien traité et eut l'occasion de faire la connaissance de Gerda, nièce de son employeur, qui était institutrice dans la région de Bad Freienwalde, ville située au nord-est de Berlin, à la frontière polonaise.

À partir de mi-1942, ils eurent une liaison clandestine. En mai 1945, fuyant Berlin occupé par l'armée soviétique, ils tentèrent de se rendre ensemble en France. Le 28 mai, ils arrivèrent à Rosslau au bord du fleuve Elbe qui marquait alors la frontière entre les zones d'occupation russe et américaine. Là Gerda ne fut pas autorisée à franchir le pont et dut revenir à Berlin, tandis qu'André, après l'avoir vainement attendue, se résigna à regagner la France.

Il arriva le 6 juin au domicile de ses parents au hameau de la Ramigère (commune de Mortagne-sur-Gironde, Charente-Maritime) et resta sans nouvelles de Gerda jusqu'à fin juillet.

André a écrit dans un carnet le journal de cette période sombre (juin à octobre 1945). Ce journal est reproduit ci-après, témoignage du désarroi d'André qui était alors sans nouvelles de Gerda.

En septembre 1945, il va tenter de lui faire parvenir des lettres, par différents intermédiaires, car la liaison postale entre la France et l'Allemagne occupée par l'armée russe n'était pas assurée à ce moment-là. Fin janvier 1946, il va enfin recevoir plusieurs lettres écrites en décembre 1945, et ils vont pouvoir continuer cet échange épistolaire plus régulièrement, non sans difficultés.

En octobre 1945, André avait obtenu un poste de professeur au Cours Complémentaire Paul Bert à Saintes et, durant l'année scolaire, il logea à Saintes, tout en faisant de nombreux allers et retours au domicile de ses parents à Mortagne.

Il faudra attendre presque 18 mois après leur séparation pour que Gerda obtienne enfin l'autorisation de venir en France (octobre 1946).
Elle arriva finalement en Charente-maritime le 15 décembre 1946, et ils se marièrent le 18 janvier 1947, à Mortagne-sur-Gironde.
Peu de temps auparavant, André avait acquis une vieille maison au hameau de L'Anglade (commune des Gonds, près de Saintes), qu'ils aménagèrent par la suite et où ils vécurent toute leur vie.
André poursuivit sa carrière dans l'enseignement à Saintes au Cours Complémentaire Paul Bert, et ensuite comme sous-directeur du collège René Caillié, et fut décoré des Palmes académiques. Il effectua en outre 3 mandats comme maire de la commune des Gonds.
André (né le 27 avril 1916) est mort le 16 février 1995, des suites d'une chute d'échelle lors de la taille d'un pommier de son jardin. Gerda (née le 27 septembre 1920) est décédée à L'Anglade, le 23 janvier 2010, à l'âge de 89 ans. Leurs cendres reposent dans le caveau familial au cimetière de Mortagne-sur-Gironde.

Bernard Lacaze

Carnet du retour en France

(28 avril – 5 octobre 1945)

28 mai 1945

Il ne faut pas que tu te sentes seule : je veux que chaque jour, à chaque instant, tu sentes ma pensée avec toi, sur toi.
J'ai touché le fond de la douleur. Tu es là à 300 mètres, il y a un pont entre nous deux et il est impossible de passer ce pont. Impossible. Tu as mal, horriblement mal. Tu désespères peut-être, mais tu m'as promis d'être forte…
Mes camarades sont partis, tous mes camarades. Nous sommes 7 encore ici, et j'ai peu de sympathie pour les 6 autres. Nous avons décidé d'attendre.
L'officier nous a dit que, peut-être, ce soir ou demain, vous passeriez. Attente douloureuse.
La nuit est là. Nous couchons tous les 7 dans un pré.

29 mai 1945

Il faut attendre. L'officier nous a donné une lueur d'espoir vite détruite. Les civils passent, passent et tu n'es pas là…
Des renseignements précis : tous les gens dont les papiers sont incomplets passeront, mais après les autres, après tous ceux qui ont des papiers réguliers.
Ainsi, tout espoir n'est pas mort, mais seulement retardé. Je suis désespéré et, pourtant, je recommence à espérer.
Il n'y a qu'une seule solution. Rentrer le plus vite possible en France et revenir vers toi avec tous les papiers nécessaires. J'ai dressé un plan dans ma tête. La période active va commencer.
- 6 heures : départ pour Köthen[1]
Arrivée - liste - dormir.

30 mai 1945

Douche froide : ça réveille. J'ai écrit ces deux pages. Trouvé des pages choisies de la Bible. Un moment encore je veux me recueillir et penser à toi. Oh Gerda ! j'ai raconté sèchement ces faits, mais si tu savais combien j'ai mal. Ces jours qui auraient dû apporter la joie sont pour

---

1 Köthen : ville de l'est de l'Allemagne, située à environ 125 km au sud-ouest de Berlin.

nous des jours de déchirement. Oh ! sois forte, sois forte : bientôt viendra la joie.
13 heures : rien de nouveau. Nous attendons. Des camarades de l'un des 7 qui étaient restés avec moi lui ont dit qu'ils avaient vu sa femme, libre, du côté russe. Et toi ? Que t'ont-ils fait ? Auras-tu pu me faire passer une lettre ? Hier j'ai écrit à Gädecke[2], Stramm[3] et Oma[4] afin que tu aies des lettres dès le rétablissement de la poste. J'ai donné mes lettres à un allemand. Je suis triste à mourir. Oh Gerda, si j'étais sûr que tu es forte et que tu veux vivre pour notre amour !
Il est 9 heures du soir. Quelques-uns ensemble nous avons parlé de vous, les quelques femmes restées là-bas. Et je suis triste, triste. Où es-tu ? Gerda chérie, ma fiancée, mon épouse. Toujours cette impuissance ! Comment peut-on briser ainsi les cœurs, briser les êtres ? Mon Dieu, mon Dieu, aie pitié de nous !
30 mai (10 heures du soir)
Demain, nous partons.
Chacun chante et rit, et moi, je suis triste à pleurer. Quelle ironie du destin !

31 mai 1945

6 heures.
Nous devons nous rassembler à 7 heures et demie.
Déjà je suis prêt.
Je ne pouvais dormir, le ciel est gris et triste. Il pleut.
Je pense à toi avec désespoir. Où es-tu par un temps pareil ? Où ?
Mon cœur se brise et j'ai mal, mal ! Combien de jours d'incertitude et d'angoisse vont suivre ainsi, combien ?
Si tu pouvais sentir ma présence !
Soir.
Nous sommes allés dans la pluie, entassés dans des camions, puis le train nous emporte. Depuis midi nous roulons et toujours ma pensée est près de toi. Nous traversons les régions merveilleuses de Weimar[5]. Combien j'aurais aimé les traverser avec toi ! J'ai peur qu'on ne te fasse

---

2 Gädecke : un enseignant, probablement un collègue de Gerda.
3 Stramm : nom de l'entrepreneur électricien chez qui André travailla pendant sa captivité à Ahrensfelde (près de Berlin) de 1940 à 1945.
4 *Oma* : grand-mère.
5 Ville de l'Allemagne centrale située à environ 210 km au nord-est de Francfort.

mal, j'ai peur que tu ne souffres, j'ai peur que tu ne meures désespérée.
Oh ! la pensée douloureuse !
Vis ! Vis !
Gerda mienne, mon aimée !
Bientôt, très vite, je veux revenir vers toi.
Te retrouver !
Te retrouver !

1er juin 1945

Nous avons dormi en roulant, bien entassés. Ce matin nous avons traversé Fulda[6] terriblement détruit. Nous approchons de Frankfurt[7]. Un train à quelques voies de nous est chargé de civils pour la France. Il y a des jeunes femmes.
Alors, je pense à toi très fort et douloureusement. Comment vas-tu faire sans argent, avec de lourds paquets ? Comment vas-tu faire pour repasser l'Elbe ? Est-ce qu'on ne te retient pas dans un camp ? Est-ce qu'on ne te bat pas, qu'on ne te fait pas mal ? Oh ! Toi qui m'as toujours aidé. Toi qui aimes le beau et la justice, toi que j'aime plus que tout au monde, est-il possible qu'on te fasse souffrir ?
Et moi je suis responsable de toutes ces choses ; je n'ai su ni te guider, ni te protéger. Je suis coupable. Peut-être me maudis-tu maintenant. Peut-être as-tu à nouveau cette horrible idée de mourir. Gerda ne fait pas cela. Que dirais-je à ton père quand je reviendrai vers lui, comment pourrai-je vivre par la suite ?
Le soleil est revenu sur les choses. Les gens sont gais parce que c'est la paix et qu'ils retournent chez eux.
Et moi j'ai mal, mal.
Qu'avons-nous fait pour être aussi malheureux ?

2 juin 1945

Hier, en un jour, nous avons fait les 45 km qui séparent Frankfurt de Mainz[8].
Cette nuit, nous avons passé le Rhin sur un pont branlant, provisoire et qui donnait un peu peur. Ce matin nous nous sommes éloignés d'une quarantaine de kilomètres de Mainz.

---

6 Ville située à environ 50 km au nord-est de Francfort.
7 Francfort-sur-le-Main.
8 Mayence

Nous traversons des coins merveilleux. Pourquoi n'es-tu pas là ? Les vignes à étages, les coteaux arrondis, les vallées vertes et le soleil naissant sur toutes choses ! Tout est beau et gai et moi je souffre en moi. Chaque instant, chaque pensée est pour toi. Toi qui restes, toi qui souffres. Quand saurai-je ce qu'on a fait de toi ? Quand pourrai-je aller vers toi, Gerda mienne, quand nous retrouverons-nous ?
Soir : Sarreguemines, Sarrebourg.
Nous avons traversé la frontière, sans émotion ; le pays demeure le même, la frontière n'est qu'une idée ridicule des hommes.
Ici nous sommes dans un centre d'accueil : des milliers de gens ; j'ai hâte d'être à la maison et de commencer des démarches pour toi.
Gerda, la vie est terrible. Je me sens responsable de tout ce qui est arrivé. J'aurais dû prévoir, réfléchir. Je n'ai pas su te protéger.
Vite que je puisse faire quelque chose pour toi !

3 juin 1945

Formalités. Tout est terminé. Tout est allé très vite. Une partie des papiers est réglée. Le reste se fait à la maison. Ce soir nous partons. Après-demain, je serai à la maison.
Je devrais être heureux. J'ai tant pensé à ce jour. La joie est universelle, mais en moi mord la douleur, le remords, l'impuissance. Comment aller vers toi ? Comment te ramener ici, comment ?
Mais je le veux, de toutes mes forces. Même à la maison, tous mes instants seront pour toi. Pourvu que tu sois forte et que tu aies confiance !
Soir : 9 heures.
Je suis dans le train qui, par Paris, doit me ramener à la maison. Remue-ménage.
Avant de partir, il y a eu plusieurs cérémonies, dont le salut aux morts. Une musique triste qui me fit mal au cœur. Ici, comme toujours, je pense à toi. Toujours j'y penserai, jusqu'au jour où, enfin, nous serons ensemble.

4 juin 1945

Revigny-sur-Ornain, une gare régulatrice sur la ligne Strasbourg-Paris. Il nous faut attendre très, très longtemps.
J'ai eu une défaillance et un évanouissement. Mon pied me fait très mal et j'ai sans doute un petit abcès.
Ce soir, ou bien demain matin, je repartirai. Tout cela est long et éreintant. Déjà ceux de la région parisienne partent.

Ici il y a quelques femmes. Je pense à toi, à nous. Souvent il me vient une sorte de frénésie, et je demande à Dieu, de toute mon âme, de nous réunir bientôt, de te protéger et de te sauver. Il y a encore beaucoup de haine et il faudra beaucoup d'amour.

5 juin 1945

Hier soir, j'ai encore eu une défaillance. Je suis allé à l'infirmerie et chacun a été très gentil pour moi.
Transfert en camion et bonne place couchée pour le voyage.
Hier toute la journée nous sommes restés dans un camp. Nous ne sommes partis que dans la nuit à 2 heures et quart.
Maintenant, il est 7 heures.
Nous sommes près de Paris.
Encore tout le jour, et peut-être la nuit prochaine dans le train et j'arriverai à la maison.
J'ai un peu peur, car on m'a dit que notre coin avait beaucoup souffert de la guerre et que la population avait été évacuée.
Que vais-je trouver ?
Ah ! Si seulement je savais ce que tu fais, où tu es. Tous mes instants sont pleins de ces pensées. Tous nos projets, Gerda, nos espoirs de joie, notre désir de vie ! Pourtant, il faut que cela se réalise. Il faut que nous nous retrouvions.
Le train part. Dans le matin frais je pense à toi et je me sens plus fort pour la lutte.
C'est maintenant le soir.
Après bien des heures de route et bien des arrêts nous nous acheminons vers l'avant-dernière station. Nous avons traversé le Val de Loire qui est l'une des plus belles régions de France.
Les femmes nous offrent toutes sortes de bonnes nourritures et des boissons, chacun rit et se réjouit.
Tu n'es pas là pour participer à cette joie, et mon cœur s'attriste en pensant à toi.
Mais je suis tout près de toi pourtant, tout près de toi !

6 juin 1945

Je suis à la maison.
Ce soir j'ai tout raconté à maman et longtemps, longtemps, nous avons pleuré ensemble.

7 juin 1945

Il est bon matin encore. Je vais à Saintes[9] pour me faire libérer. Toujours je pense à toi. Que faire, que faire ?
Les haines sont grandes partout. J'ai peur de devenir fou. On ne sait plus à quoi se raccrocher.
L'air est doux, presque chaud déjà. Il y a des chants d'oiseaux. La nature a oublié la guerre. Mais les hommes sont devenus affreusement mauvais. Le grand drame de cette guerre, ce n'est pas la destruction, ce n'est pas la mort de millions d'hommes, mais c'est la chute brutale de toutes les valeurs morales. Les haines qui sont nées, l'affreuse laideur de l'humanité. Gerda, Gerda, notre amour était d'une telle fraîcheur, nous étions si heureux. Quand te retrouverai-je ?
Soir.
Je suis rentré très tard. Maintenant, je suis redevenu civil.
Après-demain je veux aller voir Gillette[10] pour parler avec elle de ce que nous devons faire pour toi.
Espère, Gerda chérie. Espère en nous.

8 juin 1945

J'ai dû rendre quelques visites. Chacun me gâte. On me montre tant de sympathie et on me donne tant de bonnes choses, mais toi, Gerda chérie, tu souffres peut-être. Peut-être as-tu mal, cela me torture.
Gerda tu es ma chair et mon sang, mon amour.

9 et 10 juin 1945

J'étais chez Gillette. Nous avons beaucoup parlé de toi. Oh ! Cela fait du bien, sais-tu, de vider son cœur.

11 juin 1945

Je suis revenu bien fatigué.
J'ai écrit 8 lettres.
J'ai rêvé à toi dans le crépuscule et j'ai senti ta présence.
Je t'aime !

---

9 Saintes (sous-préfecture de Charente-Maritime) se trouve à environ 35 km du domicile des parents d'André (La Ramigère, Mortagne-sur-Gironde).

10 Gillette est une amie d'André, professeur de français à l'École Normale de La Rochelle à partir d'octobre 1946, militante du parti communiste français..

12 juin 1945

Tout seul dans mon grand lit. Ce grand lit dont je te parlais parfois. Tout seul. Et cette peine immense en moi. Je peux manger tout ce que je veux. Je peux aller où je veux. Les gens sont gentils avec moi, quelques-uns sont de vrais amis. Tout est ici, pour moi, trop beau, trop bon.
Alors, sans cesse, je pense à toi. À toi qui n'as rien, sans doute. Tu as faim, tu es sans amis, sans soutien. Et moi je suis là, impuissant. J'ai peur que tu ne sois morte, une peur terrible ! J'ai peur qu'on ne te fasse mal, qu'on ne te torture. Alors, il me semble que je deviens fou si je pense à cela. Gerda, j'ai tout ce qu'un homme peut désirer : mes parents, une vie facile, et je souffre, plus que jamais je n'ai souffert. Gerda, l'homme fort que je suis, pleure chaque soir en se couchant, pleure comme un gosse qui a une grosse peine. Gerda, mon aimée, oh si tu pouvais sentir ma présence !
Maintenant, il est tard dans la nuit à l'heure d'Allemagne, une heure peut-être. Je vais éteindre ma lumière et longtemps penser à toi, pleurer doucement sur nous deux.

14 juin 1945

Je suis allé voir Huguette[11] et j'ai mis bien des choses au point.
Très fatigué : 110 km à bicyclette.
Avant de dormir, toute ma pensée va vers toi. Oh si cela pouvait t'aider !

15 juin 1945

Plusieurs visites aujourd'hui ; je suis las. Il faut toujours se montrer gai, toujours raconter la même histoire…
J'ai reçu une lettre de Gillette. Elle aussi « nous » aide. Elle me redonne courage, elle est bonne.
Gerda, Gerda chérie, pourquoi ne sommes-nous pas ensemble ?

16 juin 1945

La soirée fut mauvaise.
Je n'avais rien au courrier. Personne ne répond aux lettres que j'avais envoyées.
Mes démarches ne donnent pas de résultat. Je suis triste et las.

---

11 Huguette était institutrice à La Rochelle. Elle avait connu André avant la guerre et espérait pouvoir l'épouser à son retour.

J'ai travaillé dur au jardin ce soir pour chasser ma peine et maintenant, comme toujours seul, je vais penser à toi et dormir.
Les pensées les plus noires, les images les plus horribles ont passé en moi et j'ai mal, mal, c'est une détresse. Peut-être vaudrait-il mieux être mort !
Et pourtant, je t'aime, je t'aime !

17 juin 1945

Maman avait réuni tous nos amis et quelques parents.
Cela faisait fête.
Chacun me plaignait d'être resté 5 ans malheureux là-bas. On ne peut faire croire à personne que j'étais heureux !
Gerda, tous ces gens en fête, tous ces gens heureux et bons pour moi, et moi au milieu d'eux, triste à mourir.
J'ai peur que tu ne sois morte, oh ! j'ai peur, cela fait mal, cela brise.
Parfois toute notre joie ancienne remonte en moi.
Des détails précis, surtout nos jours de bonheur à Tiefensee[12], car il fait chaud ici et je pense au lac, à nous.
Pauvre bonheur perdu, et toi, toi qui souffres.

18 juin 1945

Je suis désespéré.
J'ai écrit à Gillette, car j'ai mal, mal.

19 juin 1945

Je suis allé voir le pasteur, et j'ai tout dit. Il m'a redonné courage, il se refuse à voir le drame. Il pense que tout ira bien.

20 juin 1945

J'ai écrit aux différents ministères et à la Croix-Rouge. Il y a un proverbe qui dit : il n'est pas nécessaire d'espérer pour entreprendre. C'est mon cas : je veux tout essayer, je veux remuer ciel et terre. Peut-être parmi tous les hommes s'en trouvera-t-il un qui aura du cœur et m'aidera !

---

12 Tiefensee : ensemble de 3 lacs de forme allongée, situés à 10 km environ au sud-ouest de Bad Freienwalde.

Midi. Repas.
Le soleil comme d'habitude est brûlant. Nous en parlions si souvent du soleil de France. Oh ! Je voudrais savoir que tu ne souffres pas ! Tous nos projets Gerda, te souviens-tu ? Et maintenant tu n'es pas là ; je n'ai goût à rien. Souvent je t'imagine ici, travaillant avec nous ; toutes les questions que maman aurait à te poser, et notre joie à nous deux. Si je savais que tu vis, que tu es forte, que tu as confiance, alors je n'aurais plus de peine, car je saurais qu'un jour viendrait où nous serions ensemble. Mais voilà, je ne sais rien…
Soir. L'orage a éclaté sur nous.
Je suis au lit et ma fenêtre est ouverte. J'aime l'orage ainsi, le feu des éclairs, la pluie qui s'abat. Mais ce soir cela me fait mal. J'ai peur que cet orage ne soit aussi sur toi et que par lui tu souffres. Toujours je pense à toi, toujours. Quand je mange, j'ai peur que tu n'aies faim. Quand je bois, j'ai peur que tu n'aies soif. Quand le soleil brûle, quand le soir vient, toujours je pense à toi et j'ai peur. Oh ! l'inique société qui sépare ceux qui s'aiment. Et les gens font des discours et les généraux sont décorés. Nous deux nous souffrons et toi, peut-être, tu es morte. Oh ! Viens vers moi cette nuit en pensée et dis-moi que tu vis !

21 juin 1945

Nous étions aujourd'hui en visite chez des parents. Jour ordinaire, bon repas, gens très gentils. On était réunis dans l'après-midi au milieu d'une prairie, maman a chanté, et une cousine aussi. Et moi je pensais à toi, doucement, tristement, car je pensais que chacun était heureux, sauf nous.
Toujours cette idée horrible que tu souffres sans doute quelque part. Et tout mon amour est insuffisant à changer cela.

22 juin 1945

Ma Gerda chérie. Tout est calme ce soir. C'est la fin d'un jour rempli de travail. Cette douleur qui est en moi s'est apaisée. Elle est plus grande encore peut-être, plus vaste, mais moins violente, moins aiguë. Je pense à toi comme à mon unique joie. Henri[13] m'a écrit. J'ai des

13 Henri Charrois: un des camarades de captivité d'André en Allemagne, originaire de Moselle.

lettres de quelques bons camarades et cela m'aide. Seul Giraud[14] n'a pas écrit. Je ne veux pas douter de lui. Pourtant !

Tous mes jours, toutes mes heures sont pleines de toi. Tu es dans ma pensée et tu as toute ma pensée. C'est une image de jours heureux, un souvenir.

Souvent, encore cette grande douleur qu'il y avait en toi quand je partis. Jamais encore je ne t'ai vu morte. Parfois je pense que tu es morte, mais je n'ai pas d'image.

Plus que la mort encore, je redoute pour toi la souffrance. Je ne peux supporter cette idée. Cela me déchire. Oh ! Non ce n'est pas possible, moi ici, des gens bienveillants, mes parents, une vie matériellement heureuse et toi qui, quelque part, souffres de la faim, de la chaleur, de la pluie, de la méchanceté des hommes.

La fenêtre est ouverte, cent fois, mille fois, je regarde si tu ne viens pas : je sais que c'est idiot, que c'est impossible, et, pourtant, il est des moments où je suis prêt à croire au miracle. Oh s'il se produisait un jour !

Je n'ai rien, rien de toi, pas une image, rien que ta robe, et parfois j'ouvre l'armoire, pour la voir comme si j'allais te voir. Toi, mon épouse.

23 juin 1945

Le soir est magnifique. La nuit est tombée, les grillons chantent. Je suis las, brisé de fatigue, car j'ai travaillé dur tout le jour. C'est la meilleure solution pour avoir moins mal.

Je vais m'endormir maintenant en pensant à toi, en rêvant de toi. Est-ce que tu sais encore, toi là-bas qui souffres et qui pleures, est-ce que tu sais encore que tu es ma pensée unique, mon unique amour ?

24 juin 1945

Dimanche : il y a exactement 4 semaines que nous nous sommes quittés. Gerda chérie, où es-tu ?

Aujourd'hui, j'étais avec mes parents à pêcher sur la côte. Le soleil m'a brûlé, grillé. Un peu trop, peut-être : j'ai de la fièvre ce soir, et maman grogne !

Je suis au lit déjà.

---

14 Gustave Giraud : un des camarades de captivité d'André en Allemagne, originaire de l'Allier.

Si je ne dors pas tout de suite, je vais longuement penser à toi, ma seule joie de maintenant.
Oh ! Je voudrais être sûr que tu vis !

25 juin 1945

Très fatigué : 60 km à vélo. Je suis allé voir mon inspecteur. J'ai encore écrit à un journal pour toi.
Bonne nuit mon aimée. Que Dieu te bénisse. Puisse-t-il nous réunir bientôt. Je n'y crois pas, et pourtant !

26 juin 1945

Demain, je vais à la « Maison des prisonniers ». Voyage ennuyeux et pénible, sans rapport avec nous, pourtant il le faut.
Les jours passent et nous sommes toujours séparés, et je ne vois encore aucun, aucun espoir. Combien de jours, combien de mois cela va-t-il durer ainsi ?
Oh ! Si seulement je pouvais savoir que tu vis et que tu ne souffres pas !
Si tu pouvais savoir combien je t'aime !

27 juin 1945

Il y a 2 mois c'était mon anniversaire[15], et il fut triste au possible. Dans 3 mois, ce sera le tien[16], comment se passera-t-il ? Gerda, ma chérie…
Aujourd'hui, j'avais une lettre réconfortante de Gillette. Une lettre qui me dit d'espérer.
Mais la journée, elle, fut lassante. Dans cette heure du soir, en lisant, je me rapproche de toi. L'héroïne de mon livre te ressemble, alors je l'aime, et je t'aime mieux.
Si tu dors, que ma pensée soit douce à ton sommeil, et si tu es encore éveillée, que ma pensée s'unisse à la tienne. Je t'aime, Gerda mienne, ma seule épouse.

28 juin 1945

Tout aujourd'hui j'ai labouré, c'est-à-dire j'ai conduit les bœufs tandis que papa labourait. Il n'y avait rien au courrier. Longtemps encore il

15 André est né le 27 avril 1916 ; il a 29 ans en 1945.
16 Gerda est née le 27 septembre 1920 ; elle aura 25 ans en septembre 1945.

n'y aura rien. Ces jours derniers, j'ai trompé ma peine par une fausse activité en écrivant partout, en croyant que cela t'aiderait et que cela m'aiderait. Mais je sais bien que personne ne me répondra…
Et, pourtant, il y a toujours un petit espoir et cela fait mal quand il n'y a rien au courrier. Ma pauvre chérie, quand nous reverrons-nous ? Tous nos projets, tous nos rêves… Mais je veux aller vers toi, je veux te retrouver. Si j'étais sûr que tu sois forte, que tu aies toujours confiance en moi, si j'étais sûr que tu vis, je déplacerais des montagnes !

29 juin 1945

Le ciel est plein de nuages et tout est triste en noir. Plus triste encore que de coutume.
Je vais travailler un peu mon anglais. J'ai aussi un beau livre. Pourquoi n'es-tu pas là ? Nous le lirions ensemble.
J'ai mal. Si je pouvais espérer, je saurais attendre. Mais espérer quoi ? Si tu es morte, je veux aussi mourir. Pourtant, la vie, la vie à deux, est une chose si merveilleuse.
Soir. Je relis un livre qui m'enchante : « *Dusty answer* »[17] de Rosamond Lehman. Ce soir encore, avant le sommeil.
Est-ce que tu penses à moi, le soir, comme autrefois ? Gerda, est-ce que tu souffres ? Oh ! La haine, la haine partout, et nous qui ne vivions que pour notre amour.

30 juin 1945

Reçu une première lettre en réponse à mes démarches. Peut-être cela va-t-il changer ma vie du tout au tout. Je n'ai pas peur, simplement un peu triste à cause de mes parents.
Oh ! Pourvu que tu vives, pourvu que je puisse te retrouver, faire de toi ma femme !

1er juillet 1945

Je suis allé voir Huguette. Puis, ce soir, j'ai dîné chez des amis.
Je suis las, terriblement las. J'ai acquis la certitude que, quoi qu'il arrive, je dois aller vers toi.
Bonne nuit, chérie.

---

17 *Dusty Answer* (1927) : livre best-seller publié en français sous le titre « Poussière » (Plon, 1929).

2 juillet 1945

Je viens d'écrire à Gillette. Je lui écris des lettres interminables où je lui raconte les plus beaux de nos souvenirs. Elle est merveilleusement compréhensive. Ce soir je lui raconterai notre jour de l'entrecôte l'an passé. Ainsi, je me rapproche de toi.

3 juillet 1945

J'ai moissonné tout le jour.
Je suis brisé de fatigue.
Bonne nuit.

4 juillet 1945

J'ai vu Huguette, lui ai tout dit. J'attendrai sa réponse demain.

5 juillet 1945

J'ai revu Huguette. Elle a très mal, je crois, mais elle ne voudrait pas le laisser voir. Il vaut mieux que tout soit clair entre nous. Je lui ai dit que, si tu viens, au lieu d'avoir un ami, elle en aura deux.
Oh ! Si tu pouvais venir !

6 juillet 1945

Je suis très las, un peu indisposé. D'ici quelques jours, si rien de neuf ne se décide, je vais essayer une voie nouvelle !
Ne finirai-je pas par t'atteindre, par te retrouver ? Tout peut passer, mais notre amour ne mourra pas.

7 juillet 1945

Réponse du ministère de la guerre. Résultat nul pour l'instant, mais qui donne quelque espoir pour l'avenir.
J'ai eu, indirectement, des nouvelles d'Ahrensfelde, du 3 juin.
J'ai une lettre allemande à traduire. Oh ! Gerda, te dire combien cela me fait mal.
Ce soir je racontais ma vie de là-bas. Je voudrais que tu sois ici. Je voudrais être sûr que tu sois vivante.
Gerda, Gerda, viens en pensée vers moi. Ce serait si affreux si tu n'étais plus !

8 juillet 1945

Encore un dimanche. C'est un jour comme celui-ci qui nous a séparés. Quand, quand pourrons-nous être réunis ?
Je prie chaque soir. Je prie quand je m'éveille, je prie dans le jour. Oh ! Si le miracle pouvait se produire. Mon Dieu, si nous pouvions être ensemble ! J'attends…
Quand je travaille ici, dans la chambre, j'épie les gens qui viennent, j'écoute leurs pas : si parfois tu venais ! Lorsque je suis parti et que je reviens, il y a toujours une sorte d'espoir vague, peut-être es-tu déjà là ?
Pourquoi ne puis-je pas t'écrire, pourquoi ? Ce serait un lien, tu serais moins seule. Oh ! Crois en moi, sois forte, ne m'oublie pas ma chérie.
Si tu savais combien je t'aime. Si tu savais.
Je voudrais être sûr que tu vis et que tu ne souffres pas.

9 juillet 1945

Anglais. Moisson d'orge. J'ai travaillé dur, je suis las.
Baisers de loin, si loin, sur tes lèvres.
Sommeil.

10 juillet 1945

Je dois aller à Mortagne[18]. Leçon d'anglais. Le professeur qui me la donne est un vrai chic type : français convaincu, mais amoureux de liberté. Il aime l'Allemagne. Il veut comme moi que les fanatiques SS, que les bourreaux des camps d'extermination soient punis. Qu'ils soient punis par des tribunaux réguliers à des peines normales, c'est-à-dire à la mort ou à la détention. Mais pas de vengeances individuelles, pas de tortures, afin qu'on réponde en gens civilisés à des brutes.
Oh ! Combien je pense à toi, à nous, à notre amour et à notre compréhension du monde.

11 juillet 1945

Lettre in extremis de Gillette ; dans deux heures je pars pour Angoulême. Demain, je pars à Paris pour le ministère des Affaires étrangères. Peut-être… mais je n'espère guère.

---

18 Le bourg de Mortagne-sur-Gironde se trouve à environ 3 km du hameau de la Ramigère, où habitent les parents d'André.

12 juillet 1945

Changement : hier soir Gillette recevait un télégramme des gens chez qui on devait descendre, ils quittent Paris.
Alors, on a décidé d'aller chez Huguette. Huguette partie aussi.
Enfin, le soir est venu.
Tu ne saurais croire comme elles sont gentilles toutes deux pour moi, comme elles m'aident.
Tu verras comme elles seront bonnes pour toi.

13 juillet 1945

Retour de Cercoux[19]. Les trains marchent mal encore.
Je dois écrire au ministère des Affaires étrangères. Est-ce qu'enfin j'aurai une réponse positive ?

14 juillet 1945

Un jour triste, affreusement triste. Chacun se réjouit, rit et danse, et moi j'ai mal, mal ! J'avais cru si longtemps que nous passerions ensemble ce 14 juillet.

15 juillet 1945

Je suis parti à vélo, 150 km.

Je suis brisé, mais ça va mieux.

16 juillet 1945

Anglais tout le jour. Ça me dégoûte, car je n'y fais aucun progrès, mais ça m'absorbe et c'est en somme un excellent dérivatif.

17 juillet 1945

Leçon d'anglais ce matin, puis travail au champ.
Ce soir j'ai encore écrit au ministère de l'Intérieur. Tant de lettres, et peine perdue !

---

19 Commune du sud de la Charente-Maritime ; à environ 60 km de Mortagne-sur-Gironde.

18 juillet 1945

Je suis allé à Jonzac[20] voir l'inspecteur pour une question de nomination. Oh ! Combien je pense à toi en pédalant mécaniquement et ma peine est grande, grande !
Gerda chérie, mon aimée, ma seule aimée, quand te retrouverai-je ?

19 juillet 1945

Je suis seul à la maison. Mes parents sont chez des amis à aider.
La petite vie de tous les jours mange les heures les unes après les autres : soigner les bêtes, faire mes repas, travailler mon anglais, arroser, etc.
Mais chacune de ces heures, chacune de ces minutes, est gonflée de ta présence.
Tout serait si lumineux si tu étais là.

20 juillet 1945

Travail à la rentrée des gerbes. Mes muscles sont douloureux. Huguette m'a écrit pour m'inviter à aller à Paris avec un groupe d'amis ; mais je n'irai pas sans doute.
J'ai besoin surtout de calme et de paix, et aussi de pouvoir me recueillir en toi !

21 juillet 1945

Un gros travail : le battage des pois ! J'ai absorbé des kilos de poussière, et puis ce soir dans mon lit je pense plus fort et plus douloureusement à toi, peut-être parce que le vent souffle. Oh ! Notre grand bonheur passé !

22 juillet 1945

Encore un dimanche qui commence, un dimanche comme celui qui nous a séparés il y a 8 semaines. Huit semaines que je suis sans toi. Mon Dieu, qui sait ce que tu as souffert, qui sait ce que tu souffres, ce que tu fais.
Rien, aucune nouvelle ; j'ai posé des tas de questions, j'ai écrit des dizaines de lettres : rien, le grand silence.
Et tu es loin, et j'ai mal, et tu souffres peut-être…

---

20 Sous-préfecture située au sud de la Charente-Maritime, à environ 30 km de Mortagne-sur-Gironde.

Toute la journée, j'ai fait de l'anglais.
Ce soir nous sommes allés faire quelques pas dans le crépuscule, puis nous sommes revenus ici.
J'ai écrit deux lettres.
À nouveau, me voici complètement à toi.
Je vais me mettre au lit, prier pour nous comme nous priions ensemble autrefois, et puis étendre mon bras droit pour que tu y reposes ta tête. Alors, j'imaginerai que, comme avant, ta tête glisse peu à peu sur ma poitrine et que tu dors ainsi…
Bonne nuit Gerda chérie, *Gute Nacht Gerdachen*[21]…

23 juillet 1945

Travail aux gerbes. Mes reins sont douloureux. Je crois que je vais dormir comme une souche. Cela vaut mieux ainsi.
Quand dans la nuit je me réveille et pense à toi, je vois des images si douloureuses que je voudrais hurler ma peine.
Aujourd'hui, une nouvelle lettre est partie pour la Croix-Rouge. Je voudrais tant pouvoir t'écrire, savoir où tu es, savoir si tu vis.
Viens, Gerda chérie, viens pour notre prière de chaque soir…

24 juillet 1945

Souvent, maintenant, je me réveille la nuit pour penser à toi. Et toujours reviennent des images douloureuses.
Que Dieu veuille que tu ne souffres pas et que tu croies encore en moi, en notre amour.

25 juillet 1945

Le vent souffle comme un furieux, comme la haine sur le monde.
Je veux croire que tu vis, je veux croire cela et espérer.
Il le faut…
Il ne se peut pas que cet amour, notre amour, meure ainsi.
Il ne se peut pas que toi, jeune et pleine de vie, tu sois morte.
Il ne se peut pas que, t'aimant comme je t'aimais, tu puisses mourir !

---

21 *Gute Nacht* : Bonne nuit. *Gerdachen* : petite Gerda, diminutif affectueux du prénom Gerda.

26 juillet 1945

Tu étais tout pour moi, et tu es demeurée tout pour moi.
Je ne sais pas comment je vais vivre si tu n'es plus, car je vis maintenant avec le seul espoir qu'un jour peut-être nous réunira.
J'ai mis ce soir mon visage dans ta robe, le seul souvenir que j'ai de toi, et je l'ai embrassée avec amour.
Oh ! J'ai bien envie de pleurer.
Pourquoi faut-il souffrir ainsi ?
Mon Dieu, qu'avons-nous fait ?
Nous ne voulions que nous aimer et être heureux ensemble, et aussi rendre heureux ceux que nous pourrions. Est-ce que cela n'était pas possible ?
Mais je n'ai pas su voir clair, je n'ai pas su te protéger et maintenant…
Maintenant tu souffres, tu es morte peut-être !
Mon Dieu ayez pitié de nous et réunissez-nous afin que nous commencions ensemble une vie heureuse et nouvelle !

27 juillet 1945

Ton image, l'image de toi que j'ai gardée en moi, est toujours devant mes yeux. Comme un remords. Oh ! Ton visage anxieux quand je suis parti, ton visage grave et peiné.
Et moi qui ne pouvais rien. Rien !
Et les jours passent et rien de nouveau ne vient. J'attends, je veux avoir la patience d'attendre. Je veux savoir. Je veux aller vers toi. Je me garde à toi, et si tu n'es plus, je me garde à ton souvenir. Tu auras été toute ma vie.
Peut-être aussi, Dieu aura-t-il pitié de nous, car nous ne sommes pas méchants !

28 juillet 1945

Il y a exactement deux mois que nous étions brutalement séparés. Deux mois !
Et pourtant aujourd'hui fut un jour merveilleux : j'avais une de tes lettres, la première qui m'arrive depuis que tu es partie. Oh ! Elle est vieille, vieille : 3 juin ! Mais je sais, qu'au moins en ces premiers jours, tu as vécu, que tu n'es pas morte à ce moment-là. Quelle joie, Gerda !
J'ai écrit immédiatement à celui qui m'a transmis la lettre. J'ai écrit aussi à la Croix-Rouge pour donner l'adresse de Rehfeldt.

Si seulement je pouvais t'écrire, je saurais mieux attendre. Que sont 2, 3 ou 6 mois quand on a des nouvelles ? J'aurais la patience si je savais. Je te suis fidèle au sens absolu du mot. Je n'ai été ni à une fête, ni à un bal, ni au cinéma, ni au théâtre depuis que je t'ai quitté.
Et aujourd'hui j'ai joué pour la première fois du violon, pour toi, pour toi seule, pour notre joie, tous les airs que je jouais là-bas, et surtout ce petit air bien simple que tu aimais tant et qui parle d'amour.
Oh ! Gerda, Gerda, même dans ma tristesse comme je suis heureux, ces quelques mots, ces mots si vieux m'ont redonné courage. Chérie, sois-moi fidèle et crois en notre amour, car tout est là pour nous, tout.
Mon aimée, j'ai tant de peine encore, tant d'inquiétude, mais je veux reprendre confiance.
Peut-être es-tu près de ton père. Peut-être as-tu quelqu'un près de toi pour t'aider.
Quand pourrai-je aller vers toi, quand ?
Ce jour tellement attendu ! Et que m'apportera-t-il ?

29 juillet 1945

Dimanche.
Les dimanches sont des jours horribles. J'ai atrocement mal et je fais mal aux autres. Maman ne peut pas comprendre ce que j'ai. Elle est triste elle aussi.
Gerda, mon aimée, que fais-tu au cours de ces dimanches, si loin de moi. Que fais-tu ?
Parfois j'ai des heures sombres, des idées mauvaises, mais je veux croire en toi. En notre amour, c'est la seule chose qui reste, la chose sacrée.
Si cela venait à mourir aussi, il n'y aurait plus de vie possible. Mais je sais que tu m'es fidèle.
Je veux y croire. Il faut que j'y croie.
Tu es mienne. Tu es mon épouse, devant Dieu que nous avons prié ensemble.
Cela ne s'oublie pas. Cela ne peut pas mourir.
Gerda, mon unique, je pense à toi, je suis avec toi. Nous sommes à jamais l'un à l'autre.

31 juillet 1945

Hier soir, j'ai eu une grosse querelle avec mes parents à ton sujet. C'était nécessaire. Maman ne comprenait pas bien. Maintenant, je crois qu'elle

a compris. Elle a peur encore, car elle ne te connaît pas, mais bientôt elle sera prête à t'adopter.
Gerda chérie, j'ai eu si mal hier soir et ce matin. On a fait ici tant de méchante propagande contre les Allemands, les accusant de tout ce qui allait mal. Mais les gens raisonnables ne se laissent pas aveugler par la haine ; bientôt tout ira mieux.
Bientôt tu pourras venir ici et mes parents se réjouiront de l'avenir. Et moi, Gerda, ma vie prendra enfin un sens. Je cherche en ce moment quelqu'un qui puisse te porter une lettre. Si nous pouvions seulement correspondre, il me semble que je saurais mieux attendre. Gerda, ma chérie, il ne faut pas que tu souffres, il ne faut pas que tu aies mal, mais il faut que tu croies en moi et en notre amour.

1er août 1945

Un mois nouveau qui commence. Puisse-t-il nous apporter à l'un et à l'autre des nouvelles venant de « l'autre ».
Gerda chérie, je voudrais seulement pouvoir t'écrire et recevoir de tes nouvelles. Ce serait déjà une chose merveilleuse. Il faudrait que la première tu me fasses parvenir une lettre afin que je sache quelle est ton adresse nouvelle.
Ce soir j'avais ici un cousin qui est rentré par Odessa. Il était auparavant en Poméranie. Il m'a raconté les choses affreuses qui se sont passées là-bas. Oh ! Gerda Dieu te protège de telles calamités. Parfois j'ai peur qu'on ne te déporte. Ce serait une chose horrible.
Il faudrait que tu restes dans les environs de Berlin. Là, comme il y a les 3 puissances, tout est sans doute plus correct. J'ai tant d'inquiétude pour toi, ma chérie, j'ai tellement peur que tu souffres. Mais peut-être Dieu exaucera-t-il ma prière.

2 août 1945

Un tout petit espoir.
On dit qu'il va y avoir des institutions françaises qui vont aller réorganiser l'enseignement en Allemagne. Si je pouvais y aller ! J'ai écrit aussitôt pour avoir un supplément d'information
Sur le coup, je me suis exalté, puis cela a passé et maintenant, je n'ai plus beaucoup d'espoir.
Et il faut encore attendre.
Mais je ne vis que pour toi et pour notre amour.

3 août 1945

J'ai réussi à acheter quelques effets. Une journée de voyage ; je suis las et plus triste que de coutume.
J'ai écrit deux lettres pour essayer d'avoir les démarches nécessaires pour aller en Allemagne.
J'ai perdu ma belle confiance d'hier.
Pourtant, je veux aller vers toi. Je veux pouvoir t'écrire, savoir que tu ne m'oublies pas, que tu as confiance dans l'avenir, que tu es forte et que tu as le ferme espoir de jours heureux.
Il le faut, Gerda chérie, il le faut.
Oh ! Dieu aura bien pitié de notre peine.

4 août 1945

J'ai bien peur que mon bel enthousiasme d'avant-hier soit vain.
Il vaut mieux s'en tenir à des résultats moins fameux. Trouver un soldat qui te porte une lettre.
Oh ! Gerda, sais-tu, parfois il me vient subitement un souvenir de toi, précis, clair, vivant, et j'ai mal en moi, comme un déchirement, quelque chose d'affreusement douloureux.
Je t'aime tant, ma chérie, la seule qui est en moi. La seule pour qui je vis.
Parfois j'ai le mal du pays à rebours. C'est-à-dire que je pense à bien des choses de là-bas, et je voudrais y aller, j'en ai un tel désir.
Oh ! Qui dira jamais l'ignominie de la guerre. Mais notre amour est si grand !

5 août 1945

Dimanche.
Je suis allé écouter le pasteur, plus pour accompagner maman que pour écouter un sermon qui ne m'intéressa guère. Mais j'ai pu prier pour toi dans le calme.
Je désire ardemment te retrouver.
Plus tard commencera pour nous le grand combat de la vie. Puissions-nous combattre côte à côte !

6 août 1945

Je me monte : je me suis acheté un costume. Il ne faut pas que tu aies honte de moi quand tu me retrouveras ! Ce soir j'ai écrit afin de retourner en Allemagne. Je ne sais quels seront les résultats. Je ne veux pas trop espérer. Je ne veux pas désespérer. Il faut faire confiance au destin, à Dieu. Il sait nos désirs. Peut-être les exaucera-t-il !

7 août 1945

Mauvais jour.
J'ai eu une réponse de la Croix-Rouge : négative. Il est interdit à la Croix-Rouge internationale de faire parvenir des lettres en Allemagne. On comprend mal ces choses.
Par contre, on me donne quelques espoirs pour te porter bientôt une lettre. Si cela était enfin possible, si je pouvais enfin t'écrire. Mon Dieu, comme tout serait plus simple. Pourvu aussi que tu ne m'oublies pas, que tu me restes fidèle. Oh Gerda, j'ai une telle confiance en toi !

8 août 1945

J'ai écrit aujourd'hui au ministère des Affaires étrangères pour essayer de toucher le comité *Freies Deutschland*[22]. Pas beaucoup d'espoir, mais enfin on peut essayer.
Il a plu aujourd'hui, il fait froid. Je suis si triste en pensant à toi qui n'es pas là.
Ce soir j'ai parlé de « nous » avec maman, au sujet d'une serviette, ta serviette. Je lui ai raconté un peu de notre vie là-bas, nos joies, nos soucis.
Je voudrais tant aller vers toi, ma bien-aimée.
Sauras-tu m'attendre ?

9 août 1945

Comme je m'étais mouillé hier, j'ai pris aujourd'hui ce pull-over bleu que tu prenais parfois, et cela aussi te rappelle à moi.
Oh ! Gerda mienne, tu es si vivante en moi. Il me semble qu'hier encore, nous étions ensemble, que demain, je serai avec toi. Hélas, bien des jours passeront encore. Il faut avoir de la patience.
Sauras-tu avoir cette patience ? Sauras-tu espérer jusqu'au bout ? Sauras-tu te garder d'autres amours ? Auras-tu confiance en moi pour t'aider à attendre ? Ton amour sera-t-il assez fort pour te préserver de chaque souillure ?

---

22 Libre Allemagne.

Dieu aura-t-il pitié de nous et t'aidera-t-il dans ta vie si pénible de chaque jour ?
Gerda, Gerda aimée sauras-tu conserver la vie à notre amour ?

10 août 1945

Chérie, j'étais ce soir à un dîner où des amis de maman m'avaient invité. En parlant, je pensais à toi, et j'ai insisté pour bien marquer qu'on ne doit pas condamner <u>tous</u> les Allemands, mais que certains valent mieux encore que des Français. Tu sais d'ailleurs combien ces questions de nationalité me semblent bêtes
Ah si nous pouvions être ensemble !

11 août 1945

J'ai reçu une lettre du prisonnier qui m'a transmis ta lettre. Il m'explique comment il t'a rencontrée et comment tu es repartie vers Berlin. Cela m'a tranquillisé un peu. Après avoir beaucoup espéré repartir en Allemagne, je n'ose plus y penser. Mais comment, comment pourrais-je aller vers toi ?
Bonne nuit Gerda chérie. Nos âmes vont peut-être se rejoindre dans la prière.

12 août 1945

Dimanche. Je suis ici tout seul. Mes parents sont partis rendre visite à des amis. J'ai travaillé un peu dans le jardin et dans la cour, parce que le travail est le meilleur calmant pour une âme en peine, et aussi parce que je pense qu'il te faut sans doute travailler le dimanche et que je veux partager la dureté de ta vie.
Maintenant, il se fait déjà tard dans l'après-midi. Bientôt je ferai chauffer je ne sais quoi pour manger.
Je ne veux pas trop bien manger : quand je mange quelque chose de très bon, je songe que toi tu n'as que fort peu de choses, alors j'ai honte d'être aussi heureux. J'essaie, vois-tu, en dépit de la distance, de me rapprocher de toi.
En ce moment, je traverse un moment de calme, d'inaction. J'ai beaucoup écrit ces temps derniers : maintenant j'attends les réponses. Et cela est extrêmement pénible. Attendre. Attendre quand tout bout en moi, quand je pense que tu souffres, que tu as mal, que la vie est dure pour toi.

Ce matin, au réveil, j'ai longtemps prié pour toi, pour nous. Oh ! Si Dieu voulait exaucer notre prière. Si je pouvais aller vers toi ! Je sais qu'un jour j'irai vers toi, j'en suis sûr. Mon Dieu, faites que ce ne soit pas trop tard !

15 août 1945

Avant-hier j'étais à battre à la machine ; j'ai beaucoup travaillé et le soir j'étais très las.
Hier je n'ai eu aussi que fort peu de temps.
Enfin aujourd'hui c'était la fête des prisonniers.
J'ai dû prendre la parole pour dire quelques mots en public. J'ai eu le plaisir de constater que, tout en étant sincère, je m'étais attiré quelques sympathies.
Maintenant, la lumière éteinte, je vais me recueillir et penser à toi.

16 août 1945

Je suis allé à Saintes, 70 km à vélo. Puis battre à la machine.
Je suis K. O.
Bonne nuit.

17 août 1945

La pluie est venue, il fait gris et triste. Froid aussi.
Que puis-je faire pour toi, sinon prier ?

18 août 1945

J'ai aidé maman à nettoyer la maison.
Dans 3 jours Huguette et Gillette viennent.
Oh ! Je serais si heureux si tu étais là !
Encore une mauvaise nouvelle aujourd'hui. Il est sans doute impossible que j'aille en Allemagne, du moins pour l'instant.
Pourtant, je n'ai pas mal. Je suis sûr que j'irai vers toi un jour.
Pourvu que ce ne soit pas trop tard !

19 août 1945

Encore un dimanche. C'est à peine si je peux supporter ce jour.
Gerda, te souviens-tu de nos dimanches d'autrefois ?
Je crois que je te serais fidèle à travers des millénaires.

Parfois je souhaiterais presque de mourir et que tu meures aussi.
Je regrette presque qu'une bombe ne nous ait tués tous deux ensemble.
Peut-être serions-nous alors infiniment heureux ?
Hier je racontais à maman l'histoire de notre toile de tente et de nos dimanches de l'an passé. Mon Dieu, que nous étions heureux malgré nos angoisses ! Maintenant, il y a cette absurde frontière.
Il y a toutes les portes qui se ferment devant moi, tous ces ministères qui me repoussent.
Et pourtant, je sais que je te retrouverai.
As-tu, toi aussi, cette foi en toi pour te soutenir ?

31 août 1945

Une longue période durant laquelle je n'ai pu venir vers toi.
Mes parents avaient invité Huguette à venir à la maison.
Puis je suis allé chez elle à La Rochelle.
C'est une fille merveilleuse.
Je lui ai fait mal, car longtemps elle avait cru qu'elle serait ma femme au retour de la guerre. Malgré ce mal que je lui ai fait, elle nous aide autant qu'elle peut.
Pus tard, si nous sommes heureux, il ne faudra pas oublier cela ! Et maintenant je suis encore las, Gerda chérie.
Je vais m'endormir comme chaque soir en pensant à toi.

1er septembre 1945

Gros travail : je suis allé battre à la machine (*dreschen*). J'ai absorbé bien de la poussière, les yeux me piquent et j'ai besoin de repos, de sommeil.
Mais je pense à toi, et le meilleur de moi-même s'en va vers toi.

2 septembre 1945

Ta lettre ! Une lettre du 28 août : il y a 4 jours tu m'écrivais. Oh ! Gerda, Gerda chérie, il y aura encore de la joie pour nous.
Mon aimée, j'ai écrit bien des lettres pour toi aujourd'hui. Je t'aime, je t'aime.
Quelle joie sera la nôtre au jour du revoir !
J'ai soif de tes baisers.
J'ai confiance dans la vie, dans l'amour.
Je suis tien comme tu es mienne.
Tu demeures ma joie.

6 septembre 1945

Chaque jour nous sommes privés de lumière. Aussi je ne puis plus venir t'écrire quelques mots le soir. Mais je pense bien à toi.
Nous sommes obligés de nous coucher tôt, car que peut-on faire sans lumière ? Aussi, longtemps au lit, je revis les jours anciens. J'essaie de vivre avec toi ta vie nouvelle. Oh ! Je serais si heureux que mes mots te parviennent. Gerda chérie, nous ne pouvons pas ne pas nous trouver.
Sous le jour douteux d'une lampe fumeuse je reviens vers toi. Maman tricote. J'ai lu un journal qui, malgré les grandes choses dont il parle n'apporte rien de neuf. Encore on exalte la haine, mais il semble que cela diminue. Je voudrais faire confiance aux gens à l'esprit sain et équilibré. La bataille électorale qui va se livrer en France est quelque chose d'important : il faut espérer.
Depuis quelques jours, je n'ai plus de lettres : il faut que j'attende. Toutes mes demandes pour partir sont faites, mais je n'ai pas de réponse. L'attente est plus pénible que l'action.
Il faudrait surtout, en ce moment, que tu puisses recevoir mes lettres, cela t'aiderait à espérer. Puisse le ciel nous être favorable.
Oh ! Gerda il ne se peut pas que tant d'amour soit vain. La vie nous rendra au centuple ce que nous lui sacrifions.
Espoir.

7 septembre 1945

Sans bien savoir pourquoi je suis bien triste ce soir. Depuis plusieurs jours je n'ai plus de lettres.
Gillette, que j'aurais été heureux de revoir et qui devait venir ici, n'écrit point.
Je ne sais où en sont mes démarches.
Je ne sais si tu as reçu mes mots.
J'ai mal, je m'ennuie.
Gerda voici déjà tant de jours que nous sommes séparés. Mon Dieu, combien de jours nous faudra-t-il encore attendre ?
Si nous pouvions seulement nous écrire. Je suis sûr de toi, je crois en toi. Mais les hommes sont méchants, la société est méchante. Ils veulent nous briser, briser nos idées. C'est une forme d'esclavage. Et je veux être libre, faire ce qui me semble bon. Je veux pouvoir t'aimer, vivre avec toi, auprès de toi.

Je lutterai, même si la lutte est inutile. Je veux aller jusqu'au bout, coûte que coûte. Que Dieu te bénisse et te fasse heureuse, qu'il nous aide à nous réunir.

8 septembre 1945

Tard dans la nuit.
J'ai dû corriger des devoirs, car demain je vais à un baptême et, lundi, la vendange commence.
Je suis toujours sans nouvelles de mes démarches, un peu déçu, un peu las, un peu triste.
Encore si je pouvais être sûr que tu as mes mots.
Bonne nuit, mon aimée.
La prière nous unit.

10 septembre 1945

Hier nous fêtions un baptême. J'y retrouvais la jeune fille qui, il y a quelques années, était la marraine, alors que j'étais le parrain. Te souviens-tu des photos ? C'est une fille charmante, de conversation agréable, très dynamique, mais à qui il manque, comme à la plupart des filles riches, le sens du travail et de l'effort à accomplir.
Et, vois-tu, je suis fier de t'aimer, car lorsque je te compare aux autres filles – « à froid » – c'est-à-dire sans que cet amour que j'ai pour toi intervienne, je te trouve toujours supérieure à elles.
Alors, je t'en aime encore davantage. Mais est-ce possible de t'aimer davantage ?

11 septembre 1945

Ça ne va pas très bien ce soir.
Je suis totalement sans nouvelles de toutes les lettres que j'ai envoyées.
Je ne sais ce que pense Gillette. Grâce à elle, j'avais pensé pouvoir t'atteindre et voici qu'elle me manque et ne répond plus à mes lettres.
Serait-elle, elle aussi, contre moi ?
Ma pauvre chérie, quelle est notre peine à tous deux !
Et pourtant, je t'aime tant.
Tu es et demeures ma vie.
Gerda aimée, je veux espérer encore, je veux espérer toujours. En toi, pour toi. Espérer en notre futur bonheur !

12 septembre 1945

Je veux essayer de te faire parvenir une lettre en allemand ; peut-être cela ira-t-il ?
J'ai eu une belle période heureuse quand j'ai reçu ta lettre. C'était aussi le moment où mes démarches semblaient bien aller.
Depuis il n'y a eu que des jours creux.
Peu à peu, je retombe dans la souffrance. Pourtant, je voudrais tant espérer !

13 septembre 1945

Toujours rien de neuf. Ces jours sont affreusement tristes. Je travaille beaucoup : vendanges et lutte politique.
En faisant toute chose, je pense à toi. Mon Dieu, je serais si heureux d'être près de toi. Je t'aime.
Tout cet amour est en moi comme une source de vie, comme une source d'espoir.
Voici qu'arrive ton anniversaire et je serai si loin de toi. Gerda, mon aimée, il faut croire en moi.

14 septembre 1945

Je viens de relire ta lettre, celle du 26 août. Mon Dieu que j'eus de joie en la recevant.
Et voici que, tout doucement, je retombe dans ma tristesse.
Gillette m'abandonne, j'ai peur même que, dans sa folie politique, elle nous trahisse.
Je n'ai aucune réponse au sujet de mes démarches. Tout est gris. J'ai envoyé ce soir encore une lettre à Henri pour qu'il essaie de la faire partir.
Si je savais enfin que tu as reçu un mot de moi.
Puisse Dieu nous aider !

15 septembre 1945

Chéric,
J'ai reçu ce soir une lettre d'Henri qui me donne un peu de courage. Il me dit avoir fait partir vers toi deux lettres. Peut-être enfin recevras-tu quelque chose. Gerda chérie, je serais si heureux de cela.

Ce soir j'ai travaillé tard dans la nuit. Quelques mots que je dois dire demain au sujet des élections.
Je serais si heureux que tu sois là.
Ah ! Gerda mienne, j'ai tant d'amour pour toi.

16 septembre 1945

Journée dure, politique. Je suis bien las, mes yeux se ferment. Ils se ferment sur ton image, je t'aime.

17 septembre 1945

Les vendanges sont commencées pour de bon. Je dois faire tout mon travail intellectuel la nuit. *Ich bin K. O.*[23] mais je t'aime, je t'aime.

18 septembre 1945

Chérie, j'ai reçu une lettre d'Allemagne, mais elle ne m'apprend rien.
Pourtant, c'est un petit espoir.
Il est tard, je dors et je prie pour toi.

19 septembre 1945

Réunion de prisonniers. Rien d'intéressant.
Toujours rien au sujet de mes démarches. Je suis un peu triste ce soir.
Un « coup de cafard ». Je ne me trouve jamais aussi bien qu'aux champs.
En ce moment, seul le travail me calme…
Je serais si heureux de te revoir ! Mon Dieu faites que, bientôt, nous nous retrouvions !

20 septembre 1945

Harassé.
Je pense à toi, je t'aime.
Des souvenirs, les souvenirs des jours heureux, sont en moi. Je n'ose pas espérer : rien de nouveau ne vient. Quand donc nous retrouverons-nous ?
Mon Dieu, faites qu'elle soit heureuse, et que, bientôt, nous soyons ensemble !

---

23 Je suis K. O.

21 septembre 1945

Mon aimée, les jours passent sans rien apporter de nouveau. Je n'ai même pas ma nomination.
Je ne comprends rien à tout cela. Au fond, je m'en moque. Tout m'est égal de ce qui n'est pas toi.
Ma chérie, je suis sans cesse avec toi. Tu es ma vie, mon unique joie. Je t'aime. Ces pauvres mots, quand les liras-tu ? Je t'aime.
Si tu pouvais savoir cela, en être sûre. Gerda, ma chérie.

22 septembre 1945

Réunion électorale. J'ai dit quelques mots. Demain, se décidera un peu le sort de la commune. Je fais de mon mieux, mais combien j'aimerais que tu sois là, près de moi, pour m'aider et me soutenir. J'ai tellement besoin de ton amour.

23 septembre 1945

Minuit, une heure. Une partie est terminée. Les résultats sont bons dans l'ensemble et favorables aux idées nouvelles.
Et maintenant je vais dormir.
Toi tu dors sans doute. Peut-être penses-tu à moi ?
Gerda mienne, sais-tu combien je t'aime ?

24 septembre 1945

Encore panne de lumière. Beaucoup de travail. Tard dans la nuit, je viens vers toi, je pense à toi, je t'aime.
Rien de nouveau. Toujours rien. Si tu avais mes mots !

25 septembre 1945

Toujours sans nouvelles. Ma chérie, nous sommes si loin l'un de l'autre. Pourtant j'ai tellement confiance en toi, en notre amour. Oh non ! Je ne veux pas désespérer. Je sais qu'un jour j'irai vers toi. Mon Dieu, pourvu que ce ne soit pas trop tard !

26 septembre 1945

Demain, tu auras 25 ans, mon aimée. Et je serai loin de toi. Nous n'aurons pas cette joie simple et douce d'être ensemble.

Mon Dieu, que tout cela est triste. Il y aura des fleurs dans ma chambre et des souvenirs plus nombreux en moi. Gerda, ma chérie, toi aussi tu penseras à moi.
Que Dieu nous vienne en aide. Qu'il nous permette de nous retrouver. Car tu demeures en moi comme une lumière. Tu es la seule joie que je veuille obtenir, tu es mon seul souci. Mon amour est si grand qu'il ne saurait mourir.
J'ai confiance en toi : ne trompe pas cette confiance !
Mon Dieu, fais qu'elle soit heureuse et que je puisse aller vers elle !

27 septembre 1945

Dans la nuit
Montent deux prières
Qui disent les mêmes mots.
Gerda, ma toute chérie en dehors du monde, en dehors des hommes, je pense à toi.
Ma pensée est toute à toi, je suis tout à toi.
Jamais ne s'éteindra mon amour.
En ce jour anniversaire, je revois nos souvenirs et je sais que nos espoirs sont sacrés.
Puisse Dieu nous bénir, nous et notre amour.

28 septembre 1945

À nouveau je vais essayer, par Henri, de te faire parvenir une lettre. Ce serait, pour le moment, mon désir le plus cher que tu reçoives ces mots.
Puisse Dieu nous aider !
Je voudrais aussi pouvoir recevoir quelque chose de toi.
Je suis toujours sans nomination, j'attends.
Je suis sans nouvelles de toutes mes démarches.
Dès que les vendanges seront terminées, je vais essayer de remettre tout cela en mouvement.
Oh ! Je désire tant aller vers toi !

29 septembre 1945

Bientôt les vendanges seront terminées. Je suis maintenant en congé, du moins provisoirement. Je ne sais comment tout cela va se terminer. Toujours rien de toi.

La jeune fille à qui j'écrivais en Allemagne afin qu'elle te fasse parvenir mes lettres ne m'a pas encore répondu.
Il semble que tout soit contre nous... Et pourtant, j'espère, j'espère. Rien ne pourra me briser, que la mort.
Je t'aime, je pense à toi.
Bonne nuit, mon aimée.

30 septembre 1945

Les élections sont terminées ! Les gens de Mortagne ont été raisonnables : ils ont voté pour la liste de ceux qui aiment la liberté. Mon père n'a pas été élu, mais presque. Enfin, malgré cela, tout va bien. Moi, je n'ai pas encore ma nomination. Je ne sais si c'est bon ou mauvais. Je me laisse aller, selon Spinoza, à la volonté de Dieu : il paraît que c'est le signe suprême de la sagesse. Quoi qu'il arrive, Gerda mienne, tu demeures mon seul but ; je t'aime.
Les roses sont encore dans ma chambre où elles fanent lentement ; ta robe est toujours largement étendue sur la table, ton souvenir demeure en moi comme l'unique joie.

1er octobre 1945

Un nouveau mois qui commence et rien encore ne nous rapproche. Mon amie chérie, je voudrais tant aller vers toi. Mais comment, comment ? Je n'ai plus tes mots, je ne sais si tu as les miens. Oh Gerda mienne quelle épreuve est la nôtre ! Et, pourtant, j'espère. J'espère par tout ce qui est en moi. Ces jours de peine passeront. La joie reviendra en nous, la joie immense du revoir. Oh ! Ma toute chérie, des heures heureuses, merveilleusement heureuses, sonneront encore pour nous !

2 octobre 1945

Très las. Je dors en pensant à toi. Je t'aime. Je t'aime.

3 octobre 1945

Tout va mal. Oh ! Je vais prier longtemps ce soir.

4 octobre 1945

Je suis allé voir mon nouveau poste à Saintes.

Je suis si fatigué que je ne puis écrire.
Henri m'a écrit. Je reprends espoir.
Bonne nuit, chérie.

5 et 6 octobre 1945

Va-et-vient entre mon poste à Saintes et ici.
Mort de fatigue. Ma pensée avec toi.

Post-scriptum

Depuis octobre, j'ai eu tellement de travail que je n'ai pas repris mon journal. Mais, chaque jour, ma pensée allait vers toi. Chaque soir, ma prière demandait à Dieu de te retrouver.

Fin janvier 1946 je recevais plusieurs lettres de toi, écrites entre le 2 et le 12 décembre 1945.

J'ai pu alors te répondre et te transmettre ma lettre par l'intermédiaire d'Olga Gronner [24], qui appartenait alors à l'armée d'occupation française en Allemagne, en charge du contrôle du désarmement.

Pendant toute l'année 1946, nous avons correspondu régulièrement. En avril, j'ai pu écrire sous couvert des autorités militaires françaises à Berlin qui étaient d'accord pour régulariser notre situation.

Il a fallu attendre octobre 1946 pour que Gerda obtienne enfin l'autorisation de venir en France, et ce n'est que le 15 décembre 1946 qu'ont eu lieu nos retrouvailles tellement attendues.

---

24 Olga Gronner est une ancienne élève et amie de Gillette. Originaire d'une famille juive polonaise émigrée en France, elle est née à Sarreguemines en 1927. Elle s'est engagée dans l'armée française en 1945, et servit d'interprète pour le contrôle du désarmement à Baden-Baden, puis à Neustadt. Plus tard connue sous le nom de Goldie Clabecq (mariée à Robert Clabecq), elle fit un séjour en Israël, puis revint en France. Elle fut toute sa vie une militante du parti communiste français. Elle est décédée en 2019 à l'âge de 92 ans.

Postface ajoutée par Gerda

(janvier 1947)

Le 22 janvier 1947, plus d'un an plus tard, j'ai trouvé ce carnet. Parce que j'étais seule ici, dans la chambre à Saintes, j'ai lu et, en lisant, tous les heureux souvenirs du temps passé avec toi et les souvenirs si tristes du temps où nous étions séparés sont montés en moi. C'était une heure de joie tranquille où j'étais près de toi, qui étais à une réunion de professeurs du Cours Complémentaire.

Je suis arrivée en France le 15 décembre 1946. Les mauvais jours étaient dans le passé et, le 18 janvier 1947, nous nous sommes mariés à Mortagne : le jour, tellement désiré, de notre union était enfin arrivé.

Dans quelques jours, nous nous installerons dans notre petite maison de L'Anglade. C'est là où commencera notre vie à deux, notre vie de famille.

Ces quelques mots que j'écris dans ce carnet, peut-être que ceux qui ne sont pas encore nés les liront un jour. Toute notre vie passée était emplie d'un grand espoir, et toute notre vie future, elle aussi, sera pleine d'espoir. D'espoir que rien ne viendra troubler notre bonheur.

Et, parce qu'il y a beaucoup de prières écrites par mon chéri, moi aussi je veux en ajouter une :
Oh ! Mon Dieu donne-moi la force de rendre heureux mon André. Si tu nous accordes un jour la joie d'avoir des enfants, fais que nous les éduquions d'après ta volonté comme des membres utiles de l'humanité. Bénis notre amour et fais qu'il grandisse chaque jour, en jetant des rayons de lumière à ceux qui nous entourent.

Lettres à Gerda

Septembre 1945 – Novembre 1946

1. *Mardi 11 septembre 1945*

Mortagne, le 11-9-45 La Ramigère

Ma chérie,

Lorsque vint le 27 avril, nous n'étions pas ensemble, mais quelques jours plus tard nous étions réunis. Voici maintenant qu'arrive le 27 septembre et nous sommes bien loin l'un de l'autre : puissions-nous nous retrouver bientôt.

Je ne serai pas avec toi pour fêter ton anniversaire, mais je me souviendrai des anniversaires passés. En ce moment, nous deux, nous devons vivre de souvenirs et d'espoirs. Il faut aussi faire un effort continuel, un effort dans le même sens : nous retrouver.

Oh ! J'aimerais qu'au moins mes mots puissent t'atteindre et te dire mon désir, mon espoir. Gerda tu demeures ma seule joie. Tout ce que je fais, je le fais en pensant à toi, pour toi.

Te souviens-tu de ces quelques pages d'« *André und Ursula* »[25] que nous lûmes ensemble un jour ? Rien n'est changé. Partout durant et depuis la guerre les haines se sont déchaînées. Il y a un devoir sacré, c'est celui de les apaiser. De guérir toutes les plaies, de calmer les souffrances : de répandre un peu d'amour par le monde. Il faut absolument que l'homme cesse d'être un loup pour l'homme. Et cela n'est pas tellement difficile. Il y a dans chaque être de bonnes tendances. Souvent, tout ce qui mène le monde, les discours, la propagande, les journaux essaient davantage de les étouffer que de les exalter. Il nous faut changer cela. La religion, qui aurait pu opérer ce changement, n'y a pas réussi, car elle s'est perdue dans le sectarisme. Elle n'a pas donné que de bons exemples, elle s'est souvent laissé acheter. Il faut reprendre tout à la base, revenir aux paroles du Christ, à cet « aimez-vous les uns les autres » que chacun a oublié. Il faut reprendre les exemples d'un Ramakhrishna[26], d'un Vivekananda[27], ... Depuis 6 ans la violence est à

---

25 "André et Ursula" est un roman pacifiste de 1937 de la femme de lettres allemande Polly Maria Höfler, conçu comme une "tentative d'entente franco-allemande"(Höfler, préface de 1948).

26 Allusion au livre de Romain Rolland « La vie de Ramakrishna » (1929) qui présente la vie du mystique bengali hindou Râmakrishna Paramahamsa (1836-1886) qui professait que «toutes les religions recherchent le même but» et plaçait la spiritualité au-dessus de tout ritualisme.

27 Allusion au livre de Romain Rolland « La vie de Vivekananda ou l'évangile universel » (1930) qui présente la vie de Swami Vivekananda (1863-1902) ;

la mode, on prêche la haine, la haine sainte, celle que prêchèrent les jésuites espagnols. On ne veut pas encore entendre ceux qui prêchent l'amour. On prétend que c'est une faiblesse. Et, pourtant, la bonté n'exclut pas la justice. La Bible a raison qui, à chaque mot, fait appel au Dieu « juste et bon ».

S'il y a quelque part des coupables, ils doivent être châtiés. Mais il faut être juste dans la totale acception du terme, c'est-à-dire avoir le courage de rechercher les coupables avant de punir…

Peut-être vaut-il mieux laisser un coupable en liberté que de punir un innocent. Voici ce que je pense. Il n'y a rien de changé. Rien ne peut changer en moi

C'est cela que je t'offre pour ton anniversaire : ma pensée, ma foi, le peu d'action que je puis accomplir. Tout mon amour aussi. Mon amour qui demeure le même et s'affine pourtant. Ce ne sont que quelques mots sur une feuille, mais ils te révèlent toute ma vie ici, et celle qui voudrait être.

Puisses-tu ne pas être trop malheureuse aussi durant cette longue séparation ! Si mes mots vont jusqu'à toi, peut-être sauras-tu mieux encore combien je t'aime, combien nous sommes proches.

André

2. *Vendredi 14 septembre 1945*

14- 9

Meine Geliebte,

Bald der 27 September. Und ich bin so weit von Dir.

Aber trotzdem ich bin bei Dir.

Gerda, meine liebste, alle meine Gedanken sind bei Dir. Ich bin derselbe geblieben vie vorher : ich liebe Dich. – Die Zeit sind hart. Aber stark ist unsere Liebe starker als alles. Wir bleiben treue. Es ist unser Glück und unser Stolz. – Du hast mein Blut getrunken Ich habe dein getrunken. Wir mussen immer zusammen bleiben : unser Leben lang hier auf dieser Welt und nachher noch…

27 September. Ich werde noch mehr, noch starker an Dir denken, an unsere Liebe. Blumen in mein Zimmer und dein Bild in mein Herz.

---

principal disciple de Râmakrishna, celui-ci a fait connaître l'hindouisme au monde occidental et a inspiré le mouvement pour l'indépendance de l'Inde.

Ach ! Gerda. Hoffnung und Glaube : alles ist da. Es wird alles wieder gut.

Ich liebe Dich.

André

(traduction)
Ma bien-aimée
Bientôt le 27 septembre. Et je suis si loin de toi.
Mais, pourtant, je suis avec toi.
Gerda, ma très chère, toutes mes pensées sont avec toi. Je suis resté le même qu'auparavant : je t'aime. Les temps sont durs. Mais notre amour est fort, plus fort que jamais. Nous demeurons fidèles. C'est notre bonheur et notre force. Tu as bu mon sang, j'ai bu le tien. Nous devons toujours rester ensemble : toute notre vie ici dans ce monde et encore après...
27 septembre. Je vais encore plus penser à toi, plus fort. Des fleurs dans ma chambre et ton image dans mon cœur.
Ah ! Gerda. Espérance et foi : tout est là. Tout ira bien à nouveau.
Je t'aime
André

3. *Mardi 18 septembre 1945*

Mortagne, le 18-9

Gerda mienne,
Tard dans la nuit. Le vent souffle. Il fut des soirs où nous l'écoutions ensemble cette rude colère du vent. Te souviens-tu : c'était tout au début de 1943 et dans l'une de tes premières lettres tu disais « Le vent pousse vers toi des nuages gris et blancs, peut-être les verras-tu aussi les nuages que j'ai vus ».
Ce soir il souffle du sud-ouest, il souffle de moi vers toi !
Ici c'est la vendange, nous en avons souvent parlé ensemble, cette fois-ci encore tu ne la connaîtras pas. Peut-être un jour viendra-t-il où nous la ferons ensemble.
Et parce que vient ton anniversaire, je songe souvent aux anniversaires passés. Pendant deux ans ce furent des jours merveilleux qui nous faisaient oublier l'âpreté de la lutte.
Hélas, les anniversaires de 1945 seront tristes...
Mais nous savons que tout ceci n'est qu'une épreuve. Bientôt, la joie, à nouveau, sera en nous. J'espère.

Car vois-tu, s'il y a beaucoup de haine, il y a aussi des braves cœurs autour de nous. Ça aide à oublier les laideurs. Ça aide à espérer aussi.
Je voudrais savoir si, enfin, tu as reçu quelques mots de moi. Ma pauvre chérie, tu as eu si mal durant ces derniers mois !
Des jours viendront, où je saurai te faire oublier tout cela. Nous serons heureux tous deux ensemble. Je sais que cela viendra, j'y crois. Il est impossible que tant d'amour soit vain…
J'aimerais mieux connaître ta vie.
Souvent je t'ai dit la mienne : travail aux champs, de dures journées que j'aime ; la nuit j'écris et je prépare mes leçons. Cette vie me plairait si tu étais là. Que de fois me suis-je surpris à penser : « Si Gerda était là, comme elle aimerait cela ». Parfois je vais errer sur les rochers, au bord de l'eau : il y a des coins superbes, sans aucun être vivant. Là nous serions heureux !
Puis, n'ayant que quelques mots de toi j'essaie de reconstituer ta vie. Dannenberg[28], ta chambre, l'étang, les bois. Lorsque je revins te chercher, je pus mieux examiner le village. Je revois la maison des Stephan…
Je ne puis pas penser au lac de Tiefensee. C'est bête, mais à chaque fois il faut que je pleure. L'étang de bon matin, quand tout s'éveille et que personne encore n'est là, ou bien le soir alors que, lasse, tu t'appuyais parfois sur mon bras.
Souvenirs, souvenirs.
Plus de 2 ans de notre vie sont là et c'est toute notre vie qu'ils contiennent.
C'est cela qui m'aide à espérer et à croire. Gerda, j'ai confiance : confiance en toi et dans les jours qui viennent.
Je sais que tu sauras attendre comme je saurai attendre, car nous communions dans l'amour.
Nous sommes l'un à l'autre.
Wir gehören zusammen[29].
Je t'aime.

André

---

28 Village situé à 6 km environ à l'ouest de Bad-Freienwalde, qui appartient actuellement à la commune de Falkenberg. Gerda y fut institutrice dans les années 1940.

29 « Nous sommes ensemble »

4. *Dimanche 20, mercredi 23, dimanche 27 janvier 1946*

Le 20-1
Chérie,
Un dimanche long et froid. J'ai lu et travaillé. Une lettre pour Henri vient de partir. J'ai écrit aussi à Giraud, à Aubourg,[30] à d'autres encore dont tu ne te souviens plus les noms peut-être.
Et c'est pourquoi, peut-être, j'ai revécu notre dernier jour. La dernière image que j'ai conservée de toi, Gerda, elle est là, si vivante en moi que je n'ai qu'à fermer les yeux pour la retrouver. Ton manteau gris clair, tes cheveux un peu défaits, cet air fatigué et douloureux et tes yeux, tes yeux surtout où je lisais comme une angoisse muette. Je t'avais laissé tout ce que j'avais comme papiers et tu es revenue vers moi me redonner ma plaque. Gerda chérie, j'ai mal encore en y pensant. On nous fit passer sur l'autre rive. J'avais encore un vague espoir. Puis les autres femmes arrivèrent : tu n'étais pas là. L'une d'elles me raconta la scène et comment on t'avait empêché de passer. Mes camarades partirent. Nous restâmes là, quelques-uns à attendre.
Voici ce que j'écrivis ce jour-là, le 28 mai 1945 : « *Il ne faut pas que tu te sentes seule : je veux que chaque jour, à chaque instant tu sentes ma pensée avec toi, sur toi. J'ai touché le fond de la douleur. Tu es là, à 300 mètres : il y a un pont entre nous deux et il est impossible de passer ce pont. Impossible. Tu as mal horriblement mal. Tu désespères peut-être, mais tu m'as promis d'être forte… Mes camarades sont partis, tous mes camarades. Nous sommes 7 encore ici et j'ai peu de sympathie pour les 6 autres. Nous avons décidé d'attendre. L'officier nous a dit que peut-être ce soir ou demain vous passeriez. Attente douloureuse. La nuit est là. Nous couchons tous les 7 dans un pré* ».
Le 23-1.
Minuit encore. Il fait froid presque autant que là-bas et si ce n'était qu'ici, j'ai un petit feu dans la cheminée au lieu d'avoir un « *Ofen*[31] », je pourrais me croire à Ahrensfelde. J'ai terminé, ou presque, mon travail de corrections. Si tu étais là, nous aurions maintenant quelques instants heureux avant le sommeil : je suis sûr que tu te réjouirais de voir danser les flammes. Gerda chérie, j'ai hâte de te retrouver, et,

---

30 Henri Charrois, Gustave Giraud, Elie Aubourg : camarades de captivité d'André en Allemagne.

31 *Ofen* : poële

pourtant, je sais que, si cela est nécessaire, je saurai attendre longtemps encore... Mais pour que tu saches mieux ce qui advint de moi après notre séparation, je continue à te recopier les quelques pages de mon carnet de route. Il faudra que toi aussi tu me contes en détail cette période pénible !

- 29 mai 1945 – Il faut attendre. L'officier nous a donné une lueur d'espoir vite détruite. Les civils passent, passent et tu n'es pas là... Des renseignements précis : tous les gens dont les papiers sont incomplets passeront, mais après les autres, après tous ceux qui ont des papiers réguliers. Ainsi, tout espoir n'est pas mort mais seulement retardé. Je suis désespéré, et, pourtant, je recommence à espérer. Ainsi, une seule solution. Rentrer le plus vite possible en France et revenir vers toi avec tous les papiers nécessaires. J'ai dressé un plan dans ma tête. La période active va commencer.

- 6 heures : départ pour Köthen *- Arrivée - liste- dormir.*

Voilà ce que j'écrivais le 29 mai. Hélas, que d'illusions je me faisais encore. Je ne savais pas ce qui m'attendait en France. Il y a des tas de choses que j'ignorais. Mais qu'importe maintenant que je connais les obstacles et que je sais que tu m'attends. J'espère. J'espère plus que jamais Gerda chérie.

Je suis sûr, vois-tu, que nous serons à nouveau un jour ensemble et heureux. Je crois en notre joie future. Crois-y aussi, veux-tu, et espère...

Le 23-1.

Le jeudi, je n'ai pas cours et aujourd'hui nous étions jeudi ! Pourtant, je ne suis sorti de ma chambre que pour acheter quelques provisions, car je fais ma cuisine ! Sur l'une de tes lettres tu me dis que tu ne peux t'imaginer ma vie. C'est très simple : pense que je suis encore à Ahrensfelde et que chaque jour au lieu d'aller poser des fils je fais mon cours ; le reste est exactement semblable. Je rentre le soir à 5 heures et demie, je fais quelques emplettes, ma cuisine et, à 7 heures et demie, je mange. Je travaille de 8 heures à minuit. Le lendemain je me lève à 7 heures. À 9 heures commencent mes cours, et ainsi chaque jour. J'ai 23 heures de cours par semaine : lundi, 6 heures, mardi, 5 heures, mercredi, 4 heures, vendredi 5, heures, samedi 3, heures. Le samedi soir je pars, mais, hélas, je ne vais pas vers toi comme l'an passé ! Je vais auprès de mes parents. Nous passons la soirée du samedi et la matinée du dimanche ensemble. Je rentre chaque dimanche après-midi. Je prépare mon travail du lundi et... ça continue !

Voici 8 mois que nous nous sommes quittés et mes dimanches continuent à être des jours affreux. Il m'arrive encore, le samedi soir d'écouter si je n'entends pas ton pas sur le trottoir d'en face. Et souvent, lorsque j'ai été longtemps sans aller à la maison il me semble que, peut-être, je t'y trouverai en rentrant. C'est ridicule n'est-ce pas ? Je ne saurais vivre sans toi, il faut que je te retrouve…

Gerda nous nous retrouverons. Je continue à te recopier ce que j'écrivis aux premiers jours de notre séparation :

30 mai 1945 : Douche froide : ça réveille. J'ai écrit ces deux pages. Trouvé des pages choisies de la Bible. Un moment encore je veux me recueillir et penser à toi. Oh Gerda ! j'ai raconté ces faits sèchement, mais si tu savais combien j'ai mal. Ces jours qui auraient dû apporter la joie sont pour nous des jours de déchirement. Oh ! sois forte, sois forte : bientôt viendra la joie.

13 heures : Rien de nouveau. Nous attendons. Des camarades de l'un des 7 qui étaient restés avec moi lui ont dit qu'ils avaient vu sa femme, libre, du côté russe. Et toi ? Que t'ont-ils fait ? Auras-tu pu me faire passer une lettre ? Hier j'ai écrit à Gädecke, Stramm et Oma afin que tu aies des lettres dès le rétablissement de la poste. J'ai donné mes lettres à un allemand. Je suis triste à mourir. Oh Gerda, si j'étais sûr que tu es forte et que tu veux vivre pour notre amour !

Il est 9 heures du soir. Quelques-uns ensemble nous avons parlé de vous, les quelques femmes restées là-bas. Et je suis triste, triste. Où es-tu ? Gerda chérie, ma fiancée, mon épouse. Toujours cette impuissance ! Comment peut-on briser ainsi les cœurs, briser les êtres ? Mon Dieu, Mon Dieu aie pitié de nous !

Je me souviens encore de cette journée du 30 mai. C'était comme une agonie. Je veux espérer que nos joies de plus tard nous ferons oublier tout cela.

27-1.

J'avais aujourd'hui, par l'intermédiaire d'un soldat français permissionnaire, une lettre de Ruth[32]. J'avais aussi 3 lettres de toi des 7, 10 et 11 décembre. En somme, j'étais un enfant gâté ! J'ai répondu à Ruth et j'ai mis naturellement une lettre pour toi, mais je ne sais si tout cela arrivera à destination ! Ce fut réellement une belle journée. Tant de lettres qui me parlaient de toi, un gai soleil comme au printemps.

Je suis allé ce matin dans les bois. À la Ramigère, car hier, comme chaque samedi, je suis allé voir mes parents. C'est là que j'ai trouvé tes

32 Cousine de Gerda.

lettres qui m'attendaient. Je suis rentré très chargé comme de coutume (le ravitaillement, en ville, est encore assez difficile).
J'ai eu une soirée exquise : alors que j'étais seul et en train de t'écrire ma cousine[33], qui habite tout près (imagine-toi Ruth : même âge et même aspect), est venue me taquiner et a tenu absolument à ce que j'aille voir le piano qu'elle venait de recevoir. Elle a joué. Elle a même très bien joué pendant près de deux heures le "*Don Juan*" de Mozart.
Et pendant 2 heures, j'ai rêvé à nous – nos premières joies : te souviens-tu de ce film, l'un des plus beaux que nous ayons vu jouer : j'ai revécu tout cela pendant deux heures…
Il faut maintenant que je prépare mes cours pour demain : allemand et français.
En allemand, nous allons voir « *Deutsches Handwerkerleben im Mittelalter* » *und ein lied, das fange an so « Wie sie's machen – Wie machen 's die Schneider ? So machen sie's – Hier ein Läppchen, dort ein Läppchen – Gibt dem Jungen auch ein Käppchen - So machen sie's So machen sie's »*[34].
En français, peut-être commencerons-nous Musset ? Te souviens-tu d'un matin de vacances où ayant tard flâné au lit je te lus toutes les « Nuits » de Musset ? Nuit d'octobre, nuit de mai, nuit de décembre, nuit d'août, …
Je me souviens fort bien de ce matin-là : les vers coulaient, coulaient, et même sans bien les comprendre, tu les trouvais beaux, instinctivement…
J'ai mêlé mes feuilles et je ne sais si tu t'y retrouveras ! Je vais continuer à te copier mon journal des premiers jours de notre séparation.
Demain, ma lettre partira vers Mlle Gronner. Avec un peu de chance elle ira aussi vers toi.
Je joins une photo. Si tu en as encore de toi, vieille ou nouvelle, envoies-en une, j'aurais tant de plaisir à la recevoir.
La suite de mon journal :
30 mai 1945 (10 heures du soir)

---

33 Denise Herbert, cousine d'André, est la fille d'Armand Herbert, directeur de l'école Lemercier à Saintes, où André fut hébergé en 1945-1946.

34 « La vie des artisans allemands au Moyen Âge » et une chanson qui commence par : « Comment font-ils - Comment font les tailleurs ? C'est comme ça qu'ils font - Un bout de chiffon ici, un bout de chiffon là - Donne aussi une casquette au garçon - C'est comme ça qu'ils font, c'est comme ça qu'ils font ».

Demain, nous partons. Chacun chante et rit, et moi, je suis triste à pleurer. Quelle ironie du destin !
31 mai (6 heures)
Nous devons nous rassembler à 7 heures et demie. Déjà je suis prêt. Je ne pouvais dormir, le ciel est gris et triste. Il pleut. Je pense à toi avec désespoir. Où es-tu par un temps pareil ? Où ? Mon cœur se brise et j'ai mal, mal ! Combien de jours d'incertitude et d'angoisse vont suivre ainsi, combien ? Oh ! si tu pouvais sentir ma présence !
Soir
Nous sommes allés dans la pluie, entassés dans des camions, puis le train nous emporte. Depuis midi nous roulons et toujours ma pensée est près de toi. Nous traversons les régions merveilleuses de Weimar. Combien j'aurais aimé les traverser avec toi ! J'ai peur qu'on ne te fasse mal, j'ai peur que tu ne souffres, j'ai peur que tu ne meures désespérée. Oh ! la pensée douloureuse ! Vis ! Vis ! Gerda mienne, mon aimée ! Bientôt très vite, je veux revenir vers toi. Te retrouver, oh te retrouver !
J'écrivais ceci, il y a 8 mois, et je suis encore loin de toi, mais je sais que tu vis, que tu m'aimes, que tu m'attends comme je t'attends et que tu sauras attendre.
Et c'est une chose merveilleuse que de savoir cela *Gerdalein*[35] !

André

5. *Dimanche 27 janvier 1946*

Saintes le 27 janvier

A. Lacaze
Chez M. Herbert
École Nicolas Lemercier
Saintes

Gerda chérie,

Dimanche ! Je reviens de la Ramigère. Là, deux lettres m'attendaient, l'une de Mademoiselle Gronner qui contenait *drei Briefe von Dir*[36] ! (7,10 et 11 décembre). L'autre une lettre de Ruth qui me donnait de tes nouvelles plus récentes encore (28-12).

---

35 *Gerdalein* : diminutif affectueux du prénom Gerda (équivalent de *Gerdachen*).
36 Trois lettres de toi.

Que de joies en ce moment ! Cela fait plusieurs lettres de toi que je possède maintenant. J'espère que quelques-unes des miennes te parviennent. Depuis 8 mois que nous nous sommes quittés tu as toujours été mêlée à ma vie, à tous mes projets, mais maintenant c'est mieux encore : tu es présente, tu es là, tu vis avec moi. Nous sommes séparés, c'est vrai, mais que 30 kilomètres nous séparent ou 1500, il n'y a point de différence. Nos pensées se rencontrent, se retrouvent. Nous savons, nous sommes sûrs qu'un jour va venir qui nous réunira…

A-t-il fait très froid là-bas ? Y a-t-il eu beaucoup de neige ? As-tu assez de bois pour bien chauffer ta chambre ? Dis-moi toutes ces petites choses, veux-tu ? Je veux vivre avec toi.

Si cela était permis, j'irais passer quelques jours de mes vacances de Pâques là-bas. L'argent j'en ai. Hélas, j'ai bien peur que ce ne soit pas encore possible.

Je fais démarches sur démarches. J'ai deux camarades qui sont à la Constituante comme députés, mais ils ne peuvent rien pour moi, car tout dépend de l'autorité militaire. Ils font partie du groupe socialiste auquel j'appartiens… Je leur ai expliqué comment nous avions travaillé contre ce qu'il y avait de manifestement mauvais dans le national-socialisme, je leur ai dit aussi tes démêlés avec la Gestapo et tu leur es tout à fait sympathique !

Malheureusement, il y a encore ici beaucoup de rancunes : la mémoire des 100 000 fusillés et surtout les affreux souvenirs des *Konzentrationslager*[37] et de leurs tortures horribles. Deux de mes camarades y sont allés. On frémit de les entendre raconter ce qu'ils ont souffert et ce qu'ils ont vu souffrir. Te souviens-tu que je voulais aller voir le camp d'Oranienburg[38] ?

Il faut donc faire comprendre aux gens que tout cela n'est dû qu'à quelques milliers, quelques centaines de monstres et que le reste du peuple allemand est innocent, qu'il ne savait pas, comme nous autres, prisonniers, ne savions pas ! C'est le travail que j'ai entrepris. C'est dur, on se heurte à des incompréhensions, des haines.

Pourtant, il y a déjà une nette amélioration. Cela est dû pour une grande partie aux prisonniers. Au début, la population les haïssait (comme s'il y avait de leur faute dans tous les crimes commis) et ils eurent à souffrir.

37 Camps de concentration.

38 En 1933, un des premiers camps de concentration nazis a été implanté dans la ville d'Oranienburg et a fonctionné jusqu'en juillet 1934. À partir de 1936, un autre camp a été édifié à proximité (camp de Sachsenhausen).

Ils eurent faim comme nous avions faim. Puis peu à peu les gens s'aperçurent que c'étaient des hommes et que parmi eux comme partout, il y avait des bons et des mauvais. Aujourd'hui, ils travaillent avec les Français et sont en général très bien traités, surtout chez les cultivateurs. L'un travaille près de chez moi : je parle souvent avec lui. Il est dans la ferme à peu près comme j'étais chez Stramm et, si ce n'était l'éloignement de sa famille, il se trouverait fort heureux. En somme, ils sont ce que nous étions l'année dernière et je leur souhaite d'être libres, le plus vite possible.
Aussi toutes les grandes colères s'apaiseront. Il faut que chaque homme de cœur s'emploie à dissiper les malentendus à détruire les haines et à montrer que partout, dans tous les pays, le petit peuple est en général bon et brave et quelques chefs et une mauvaise propagande sont coupables.
J'espère de toutes mes forces que, bientôt, nous serons tous deux et que tous les mauvais souvenirs ne seront plus qu'un cauchemar oublié.
Il y a eu une interruption dans ma lettre.
Ma jeune cousine qui habite à côté est venue me chercher pour me faire admirer le nouveau piano que viennent de lui procurer (avec beaucoup de peine) ses parents. Elle est excellente pianiste et a joué, deux heures durant, du Mozart. *Don Juan* ! Je crois que je n'ai pas dit une parole. J'étais avec toi : te souviens-tu de ce film ? J'étais avec toi, Gerda.
La journée aujourd'hui fut merveilleuse. Du soleil. J'ai passé la matinée dans les bois. J'ai relu tes lettres. Toute cette joie en moi et ce soir ces souvenirs tellement précis de notre première joie commune.
Il fait bon espérer – croire – aimer. Gerda, Gerda chérie : je ne veux pas penser encore au jour qui nous réunira – je sais qu'il vient – cela suffit. Je suis tout seul ici, tout seul comme chaque soir, comme j'étais à Ahrensfelde, mais ici comme là-bas je sens ta présence : tu es avec moi, en moi. Dans quelques instants je vais préparer ma leçon d'allemand pour demain et tu seras encore présente… Chaque mot que je dis, que je lis, me rappelle un souvenir. Parfois mes élèves s'étonnent de me voir rire en lisant ou en racontant et c'est qu'un mot a accroché une image amusante. Te souviens-tu du mot « tandem » ? Souvent reviennent les noms de certains quartiers de Berlin : Gesundbrunnen[39], Potsdam[40] : alors je songe ! …

---

39 *Gesundbrunnen* : quartier du centre-est de Berlin.
40 *Potsdam* : ville limitrophe de Berlin, au sud-ouest.

Gerda chérie, te souviens-tu du sang échangé ?

Je t'aime

André

6. *Mardi 29, mercredi 30 janvier, samedi 2 février 1946*

Saintes le 29-1-46
Gerda chérie. Je dors presque le nez sur ma feuille. J'ai bien du travail. Si tu étais là, tu grognerais de me voir ainsi toujours le nez dans les livres au lieu de bavarder avec toi. Mais tu sais bien que, même lorsque je travaille, je suis avec toi. Dehors la tempête – le vent hurle. Je ne sais pourquoi j'ai pensé subitement à nos quelques rencontres à Eberswalde[41]. Un jour nous allâmes au cimetière… Te souviens-tu ? Maintenant, dans une autre ville repose ton papa… J'aurais tant voulu qu'il me voie revenir vers toi. J'avais peur, un peu, la première fois où je suis allé vers lui, mais les premières minutes je me sentis à l'aise, assuré d'être compris.

Dès qu'on le connaissait, on l'aimait et les longues causeries de *Frau*[42] Stramm me le rendaient plus sympathique encore. Il n'est plus… mais il sait peut-être que nous allons l'un vers l'autre.

Le vent hurle et s'accroche aux toits. Il souffle de l'ouest et porte vers toi – si loin – ma pensée. Qu'il te dise mon amour, Gerda chérie, mon amour simple et solide, qu'il caresse tes lèvres d'un baiser.

Suite de mon journal :

1er juin 1945.

Nous avons dormi en roulant, bien entassés. Ce matin nous avons traversé Fulda terriblement détruit. Nous approchons de Frankfurt. Un train à quelques voies de nous est chargé de civils pour la France. Il y a de jeunes femmes. Alors, je pense à toi très fort et douloureusement. Comment vas-tu faire sans argent avec de lourds paquets ? Comment vas-tu faire pour repasser l'Elbe ? Est-ce qu'on ne te retient pas dans un camp ? Est-ce qu'on ne te bat pas, qu'on ne te fait pas mal ? Oh ! Toi qui m'as toujours aidé. Toi qui aimes le beau et la justice, toi que j'aime plus que tout au monde, est-il possible qu'on te fasse souffrir ? Et moi, je suis responsable de toutes ces choses ; je n'ai su ni te guider

41 Eberswalde se trouve à 50 km au nord-est de Berlin et à 22 km à l'ouest du fleuve Oder. Bad Freienwalde est à environ 20 km à l'est.

42 Frau Stramm : madame Stramm, la femme de l'employeur d'André.

ni te protéger. Je suis coupable. Peut-être me maudis-tu maintenant ? Peut-être as-tu à nouveau cette horrible idée de mourir ? Gerda ne fait pas cela. Que dirais-je à ton père quand je reviendrai vers lui, comment pourrai-je vivre par la suite ? ... Le soleil est revenu sur les choses. Les gens sont gais, parce que c'est la paix et qu'ils retournent chez eux. Et moi j'ai mal, mal. Qu'avons-nous fait pour être aussi malheureux ?

Le 30-1-46.

Décidément je suis gâté : ce soir encore j'avais une lettre d'Olga Gronner et 3 lettres de toi : ta lettre de Noël Gerda chérie ! Il faut te reprendre à rire et à être heureuse Gerda mienne. Des jours nous séparent encore : ils peuvent même être assez nombreux. Mais qu'est-ce cela puisque nous savons que nous sommes l'un à l'autre, puisque nous savons que nous sommes tout l'un pour l'autre ! J'ai eu des jours pénibles, tristes, pleins de lassitude et d'amertume : tout cela est passé ; je sais que tu vis et que tu m'aimes, n'est-ce pas l'essentiel ?

Je ne sais pas encore quelle sera la longueur de notre séparation. Il faut qu'on te permette de venir en France : j'ai demandé, depuis longtemps, et les dossiers sont en marche. Il y a peu de temps encore, l'association des anciens prisonniers m'indiquait qu'elle avait accepté le principe de ton rapatriement ; c'est pourquoi je crois qu'il serait bon que tu interviennes à nouveau auprès des autorités françaises de Berlin. Lorsque tu auras enfin obtenu l'autorisation, il faudra te munir de tous tes papiers civils. Il serait bon aussi que tu obtiennes un compte rendu de tes démêlés avec la *Gestapo.* Pendant ce temps tu m'auras averti et je ferai le nécessaire pour aller te chercher à la frontière.

Mademoiselle Gronner m'a aussi envoyé la lettre – en français – que tu lui adressas le 11 décembre. Elle est excellente, à part deux fautes sur la fin, tout le reste est très correct. Continue à travailler ton français : c'est le mieux que tu puisses faire en attendant notre union. Tu peux continuer de m'écrire en allemand, mais j'aimerais bien que, de temps à autre, tu écrives en français comme tu le faisais autrefois.

Vois-tu *Gerdalein*, pour moi il n'y a rien de changé, je t'ai quitté un jour et, au lieu de durer une semaine, la séparation a duré 7 mois, et elle durera encore un peu. Mais je suis sûr de te retrouver un jour comme j'étais sûr, l'an passé, de te retrouver le samedi suivant. Rien n'est changé, mais nous avons souffert. Cette épreuve, dont tu parlais parfois, nous l'avons traversée, nous la traversons encore. Il suffit, pour vaincre, d'avoir une belle confiance. Nous sommes encore jeunes, *Gerdalein*, et forts. Nous saurons attendre et gagner notre joie. Rien n'est changé : je vis ici comme je vivais là-bas, avec ta seule pensée. Je travaille beaucoup, très tard parfois ; ainsi passe le temps. Je pense aux livres que nous lisions ensemble, à nos joies, à notre intimité. Je suis avec toi et je ne veux pas que tu sois triste : il faut chanter *Gerdalein*, chanter et rire et espérer. Tu rirais bien si tu entendais ma troupe de jeunes drôles chanter avec entrain : « *Fuchs, du hast die Gans gestohlen*[43]… ». Pense à la vie qui vient, à celle qui est encore devant nous…

Suite de mon journal :

2 juin 1945.

Hier, en un jour, nous avons fait les 45 km qui séparent Frankfurt de Mainz. Cette nuit nous avons passé le Rhin sur un pont branlant, provisoire et qui donnait un peu peur. Ce matin nous nous sommes éloignés d'une quarantaine de km de Mainz. Nous traversons des coins merveilleux. Pourquoi n'es-tu pas là ? Les vignes à étages, les coteaux arrondis, les vallées vertes et le soleil naissant sur toutes choses ! Tout est beau et gai et moi, je souffre en moi. Chaque instant, chaque pensée est pour toi. Toi qui restes, toi qui souffres. Quand saurai-je ce qu'on a fait de toi ? Quand pourrai-je aller vers toi, Gerda mienne, quand nous retrouverons-nous ?

Soir

Sarreguemines, Sarrebourg. Nous avons traversé la frontière, sans émotion ; le pays demeure le même, la frontière n'est qu'une idée ridicule des hommes. Ici nous sommes dans un centre d'accueil : des milliers de gens ; j'ai hâte d'être à la maison et de commencer des démarches pour toi. Gerda, la vie est terrible. Je me sens responsable de tout ce qui est arrivé. J'aurais dû prévoir, réfléchir. Je n'ai pas su te protéger. Oh ! Vite que je puisse faire quelque chose pour toi !

Samedi 2 février 1946

Trois lettres de toi : 29-12 – 5-1 – 15-1. La dernière date de 15 jours à peine. Gerda je te retrouve.

Il ne faut plus jamais être triste, ni désespérer. Cela fait 8 mois que nous nous sommes quittés : pendant 8 mois, j'ai toujours cru absolument, fermement en notre rencontre. J'ai eu confiance en toi, je n'ai pensé qu'à toi. Je n'ai pas peur du temps qui passe, car je sais ce que je veux.

J'ai réussi à vaincre bien des résistances, à avoir quelques amis sûrs. Je sais que j'arriverai au but que je me suis fixé ; peut-être faudra-t-il bien des jours encore cela m'importe peu : je sais que j'arriverai.

---

43 Chanson enfantine allemande : « Renard, tu as volé l'oie ... »

Il y avait des tas de choses à expliquer. Mon père a fait l'autre guerre, il a souffert de la guerre ; lorsque je lui dis que je t'aimais, il ne comprit pas et se refusa à accepter cela. Peu à peu, je lui expliquai, je lui dis notre vie, ce que tu fis pour moi, tes désirs, tes pensées… Aujourd'hui, je crois qu'il t'aime déjà un peu et qu'il attend comme moi notre union.

Avec maman, ce fut autre chose : elle avait cru possible mon mariage avec Huguette. Il fallut la détromper. Elle comprit vite. Elle aussi sait que ma vie ne peut être qu'avec toi, et parce qu'elle sait que là seulement est mon bonheur, elle pense à toi avec sympathie.

Quant à mes camarades tous ont été gentils avec moi. Giraud (Gustave) m'écrit souvent et demande de tes nouvelles. Aubourg, Minois aussi. Jacquier (Fernand) qui était fiancé à une petite russe de chez B. Wegener, dont il a été séparé, comprend ma peine et souhaite notre réunion. Henri est toujours un dévoué camarade et a essayé de m'aider. Dans d'autres lettres je te parlerai mieux encore d'eux. Je suis toujours en relation avec la plupart d'entre et tous souhaitent de nous voir heureux.

Gillette m'a aidé de toutes ses forces. C'est elle qui m'a mis en relation avec Mademoiselle Olga Gronner, l'une de ses amies, que je ne connais pas encore, mais qui est une fille merveilleusement bonne puisqu'elle nous aide sans nous connaître.

J'ai vu Huguette souvent. Elle a su très vite, elle a eu mal sans doute, mais elle a été très bonne et m'a aidé comme une sœur.

Ainsi, tout va bien ici : je suis entouré de sympathies. Mon travail est tout pour moi puisque tu n'es pas là encore…

Il faut être physiquement et moralement fort. Tu peux avoir confiance en moi. J'ai confiance en toi : tu sais ce que cela signifie. Lorsqu'on veut quelque chose et qu'on sait clairement ce que l'on veut, lorsque l'on ne vit que pour cela tout est simple et clair. Mon travail et ta pensée remplissent ma vie. Chaque jour j'ai 4 ou 5 heures de cours. Le jeudi et le samedi après-midi le dimanche aussi naturellement je suis libre. Tous mes loisirs sont consacrés à mes corrections de devoirs ou à la correction de mes cahiers. À mes préparations aussi, car j'ai oublié bien des choses en 5 ans. Tous les soirs je me couche très tard : je me couche vers minuit ou une heure et me lève à 7 heures. Mon jeudi est aussi occupé par le travail ou la lecture. Le samedi soir je vais à Mortagne, où je passe le dimanche auprès de mes parents.

Ainsi se passe la vie. Rien, personne n'est entre toi et moi. La danse, sans toi, ne m'attire pas et je n'ai point dansé au cours de ces 8 mois. Le cinéma m'ennuie ; je suis seul, j'irais si volontiers si tu étais là ! Ma seule distraction est la lecture. Souvent aussi je travaille aux champs

avec mon père… Je pense aux jours où toi aussi tu aidais les Stephan. Continues-tu encore ?
J'ai dit à mes parents combien tu étais courageuse et ta conduite les a quasi émerveillés. Quand ils m'ont demandé pourquoi je t'avais choisie, je leur ai dit seulement que je n'avais jamais trouvé quelqu'un qui te soit supérieur.
Gerda je crois en toi. Tu es mon but, tu es ma joie : ce que je fais, je le fais pour toi. Lorsque j'économise quelque argent, je pense qu'il nous servira plus tard ; lorsque je dédaigne un plaisir, je sais que, plus tard, j'aurai plaisir à le goûter avec toi. Tu te souviens peut-être que toujours, toujours je t'ai dit d'avoir confiance dans la vie.
Gerda il est normal que nous soyons séparés maintenant, que nous souffrions. N'avions-nous pas de grandes joies – malgré notre inquiétude – tandis que d'autres étaient séparés et souffraient. C'est à notre tour maintenant. Il faut accepter cela sans révolte et sans faiblesse en sachant que bientôt, que sûrement, la joie nous sera redonnée.
Il ne faut pas être fataliste : il faut être fort. Il faut avoir la volonté de rester debout, quoi qu'il arrive. La vie, souvent ne donne qu'à ceux qui veulent réellement quelque chose. Et puis aussi il faut avoir une sorte de confiance aveugle – la confiance de l'enfant dans sa mère – la confiance dans la vie.
Gerda, je sais que tu n'es point de celles qui se laissent aller au gré des évènements, je suis sûr de toi. Jamais tu n'as trompé la confiance que j'ai mise en toi, je sais que tu ne la tromperas point et c'est pourquoi je crois, pourquoi je suis sûr.
Gerda chérie, n'avons-nous pas encore la vie devant nous ?

André

7. *Dimanche 10 février 1946*

Saintes le 10-2

Chérie, j'ai eu une semaine terriblement chargée. Pas un soir je ne me suis couché avant minuit. À nouveau, quelques ennuis : l'école où j'enseigne va être supprimée (on a tant dépensé d'argent pendant la guerre qu'il faut faire des économies maintenant), et je ne sais où je vais aller. J'ai dû m'occuper de tout cela ; il y a eu aussi quelques réunions pédagogiques, enfin mon travail qui ne ralentit pas…
Je n'ai rien reçu d'Allemagne cette semaine. Par contre, j'avais une lettre de Fernand et une d'Henri : chacun demande de tes nouvelles et

se réjouit de savoir que tu es sortie saine et sauve de la tourmente. Avant-hier j'avais ici un oncle qui, en 1919, a fait l'occupation en Allemagne et qui comprend fort bien que je veuille que tu sois ma femme.
Comme tout cela est long. J'attends toujours des nouvelles ; en mars je vais tenter une nouvelle « offensive ». De ton côté, essaie d'obtenir, autant que tu le pourras, la permission de passer en France. Tout dépend de cette permission-là, le reste s'arrangerait très bien. Je suis curieux de savoir si Ruth a reçu ma lettre et toi celle que je t'adressais par la même occasion !
Gerda chérie, j'espère que tu es très sage, très forte et très patiente. Notre rêve se réalisera bientôt. Il suffit de savoir attendre encore un peu. Je reviens toujours à la même pensée : vois-tu, tandis que pendant 3, 4 ou 5 ans certains ont été très malheureux, nous avons eu un peu de joie. Je sais il y a eu toutes nos inquiétudes, ton arrestation, mes ennuis, ... Mais en résumé nous avons eu de la chance et un peu de vrai bonheur ; aussi maintenant nous devons avoir notre part de souffrance, d'attente. Mais tu sais que je crois en toi, que je suis à toi seule. Je sais que tu m'attends : cela nous aidera à vivre ces quelques jours pénibles. Je me donne au travail de toutes mes forces, de tout mon temps, ainsi les jours passent plus vite ! Ce matin j'étais à la maison. Mes parents sont un peu grippés. Mon père s'est légèrement blessé avec une hache en coupant du bois. Avec mes vieux souvenirs d'infirmier je lui ai fait un pansement et j'espère que tout ira pour le mieux. Moi je vais bien : un peu maigre mais solide comme un roc et jamais malade... J'espère bien que tu as conservé ta belle santé et ta belle résistance. Te rappelles-tu combien tu faisais l'étonnement de Gustave et de Moulin au cours de nos longues marches ! Gerda *Kind*[44] je pense à toi avec joie et avec amour, tout cela est si vivant en moi encore, nos jours heureux, nos promenades et nos baisers. Gerda j'ai gardé en moi, pour moi tout seul la douceur de tes lèvres. Personne, depuis 8 mois que nous nous sommes quittés, n'est venu effacer les souvenirs heureux de nos heures d'amour. Tu es ma seule joie, mon seul amour. Tu m'es toujours aussi proche. Tu ne peux pas m'être « *Fremd* »[45]. Il me semble qu'hier encore nous étions ensemble. Il me semble que je vais aller t'attendre auprès de la gare d'Ahrensfelde. Je revois les rues, les arbres, ma chambre qui nous attend. Je mêle le présent avec le passé et il me semble que c'est ma

44 *Kind* : enfant
45 *Fremd* : étranger

chambre d'ici qui nous attend. Elle est si semblable à l'autre avec son réchaud électrique dans un coin, son lit étroit et sa chaise unique ! Il y a seulement plus de livres, des livres qui traînent partout et qui attendent que tu viennes pour les ranger ! La batterie de cuisine s'est augmentée. Il n'y a pas d'*Ofen*[46], mais une cheminée. Ce soir encore, parce qu'il fait un peu froid, deux bûches brûlent. Je n'ai pas encore fait de transformations électriques, car je n'ai pas eu le temps ; aussi, pas de lampe de chevet comme à Ahrensfelde. Les livres s'entassent sur le rebord de la cheminée et dans un coin de la pièce, des devoirs à corriger traînent un peu partout. Je viens justement de corriger quelques devoirs d'allemand « *Beim deutschen Bauern* [47] ». Si tu étais là, tu m'épargnerais ce travail ! Mon lit n'est pas fait encore : j'avais tout plié ce matin et ce soir (il est déjà minuit et demi) il me faut le refaire ! Je te donne tous ces détails pour que tu sentes bien que rien n'est changé, que je vis ainsi que j'ai vécu et que je ne suis pas plus loin séparé par 1 500 km que séparé par 40 km !

Malheureusement, tu ne peux pas venir encore. *Gerdalein*, il faut espérer, espérer encore. Bientôt tu riras avec moi de tout cela. Je pense déjà au fils que nous aurons un jour : il y a déjà un tas de choses auxquelles j'ai réfléchi et qu'il devra faire ! Tu ris n'est-ce pas et tu as l'air d'insinuer que, toi aussi, tu as ton mot à dire là-dedans. Ah ! Je suis si près de toi ce soir, Gerda mienne. Si près, tu dors peut-être ; je voudrais faire naître un beau rêve en toi. Ce matin, en courant les champs, j'ai fait pour toi un poème qui commence ainsi :

J'ai soufflé sur tes yeux pour que naisse ce rêve
Étrange et beau comme un rêve d'enfant

Dans une prochaine lettre tu auras l'édition complète ! As-tu encore les autres ? Ceux d'autrefois ! Te souviens-tu de celui-ci qui commençait par :

Je voudrais que pour toi tout soit joie et lumière

Gerda chérie, je voulais cela et malgré moi la souffrance est venue, la douleur en toi, en ton corps, en ton âme. Oublie, oublie vite ces instants maudits et laisse entrer en toi l'espoir, laisse-toi bercer, laisse-toi guider. Fais effort aussi pour que notre joie soit pure et prompte. Songes-tu parfois à ce jour qui nous réunira à nouveau ? Gerda, il y a des heures qui paient de toutes les peines, de toutes les souffrances ; je crois que

46 *Ofen* : poële

47 *Beim deutschen Bauern* : chez le fermier allemand.

de telles heures nous sont réservées. Crois avec moi. Communions dans un même espoir, un même désir. Restons fidèles et purs pour que notre joie soit plus belle encore.

André

8. *Dimanche 17 février 1946*

Saintes, le 17

Gerda chérie,

Voici bien des jours que je suis sans lettre, et voici qu'à nouveau je suis inquiet. Je voudrais tellement que tu saches que je pense à toi, que je t'attends…

Gerda chérie, les jours passent, tous semblables, les semaines après les semaines… Ce matin j'étais à La Ramigère, j'ai aidé mon père dans son travail et puis je suis revenu ici et j'ai préparé mes cours pour demain, et toujours il en est ainsi…

Il y avait ce soir chez mes cousins un jeune homme qui revient de Berlin, mais il n'y est resté que peu de temps et ne m'a guère donné de renseignements. Pourtant, j'ai eu plaisir à répéter certains mots, certains noms des quartiers où il vivait : Tegel[48], Seestrasse[49], Muellerstrasse[50]. Souvent des souvenirs montent en moi. Nous parlions l'autre jour de première communion et j'ai songé à celle de Ruth, puis à notre jour de Noël dans l'église de Bad Freienwalde. Mon Dieu comme tout cela est près de moi… Je voudrais que tu puisses vite venir ici, j'ai tant de choses à te montrer, tant de choses à te dire ! Je suis bien las ce soir encore. Parfois je ne dors que 5 ou 6 heures par nuit ; d'ailleurs il vaut mieux qu'il en soit ainsi : le travail aide le temps à passer plus vite. Et puis un jour viendra où nous serons heureux.

Aujourd'hui, j'ai ta lettre du 27 : je ne peux, je n'ose pas t'écrire. Elle m'a fait tant de peine ta lettre. Est-il vrai, Gerda, que ta vie soit si dure ? Est-il vrai qu'il te faut lutter sans cesse ? Mon Dieu, pourquoi ne puis-je aller vers toi ? On dit que la paix est sur le monde, que la liberté est revenue et je ne peux aller vers toi. Gerda, mon aimée. Pourquoi nous

---

48 Tegel : quartier à l'ouest de Berlin, comportant notamment un lac et une forêt. Connu aussi pour son aéroport, ouvert au moment du blocus de Berlin pour organiser le pont aérien vers l'Allemagne de l'ouest, fermé en 2020.

49 Seestrasse : rue et station de métro du quartier de Wedding (centre-nord de Berlin).

50 Müllerstrasse : grande artère du quartier de Berlin Wedding, longue de 3,5 km.

faut-il souffrir ainsi ? Il faut être fort, être fort contre la souffrance ; avoir confiance l'un dans l'autre : tout est là. Des maris et des femmes ont été séparés pendant 4 ans et se sont retrouvés. Il n'y a pas un an encore que nous nous sommes quittés… Gerda chérie, tu dois être sûre de mon amour.
Je reviens du théâtre : j'étais de service et il me fallait conduire les enfants. Nous avons entendu une partie de l'œuvre de Musset, et en particulier les « Nuits » qu'un matin je te lus. C'était pour Pâques, il y a deux ans passés : te souviens-tu encore ? Oh ! J'ai pensé à toi, je voudrais tant t'avoir ici près de moi. Je voudrais savoir comment tu vis, j'ai peur pour toi parfois.
Maintenant, mon dîner cuit. Je suis mon propre cuisinier. Tu te souviens encore que j'avais des aptitudes ! Et même que, parfois tu me disputais ! N'as-tu pas oublié nos petits gâteaux de Noël ? Et oui Gerda voici bientôt un an que nous nous sommes quittés et tu m'es proche comme au premier jour, tu es ma seule pensée, mon seul amour. Le jour s'approche qui nous réunira. Espère, espère. Chérie, tu l'as dit, tout cela a un sens : un amour faible meurt d'une séparation, un amour vrai grandit. Je saurai t'être fidèle des mois et des mois encore : j'espère que cela ne sera pas nécessaire et que bientôt, enfin, je pourrai caresser tes cheveux et regarder tes yeux. Mon Dieu que de souvenirs.
Que d'espoirs aussi, que de projets : tu es dans tous. Je te crée en moi une vie qui est la seule vraie. Je sais que tu es parmi les âmes fortes et fidèles. Gerda, pense à nos joies passées, sois forte en notre amour… Pense aux jours heureux encore qui viennent.
J'ai joué quelques-uns des airs que nous chantions parfois. Puis pour m'égayer ceux, bien amusants, que je t'avais appris. Je vis avec toi… Mais pensons aux choses utiles. Mon école va être supprimée : je ne sais pas encore quelle classe on va me donner par la suite mais, quelle qu'elle soit, j'ai l'intention de préparer 4 certificats de licence de langues : ce sont des examens assez difficiles et j'aurais besoin de toi, surtout en ce qui concerne la littérature allemande sur laquelle nous aurons une épreuve.
Si, peu à peu, la correspondance se régularise, je te mettrai largement à contribution : tu veux bien n'est-ce pas ? Lorsque je t'aurai avec moi tu corrigeras les copies d'allemand de mes élèves et cela m'aidera bien. Lorsqu'ils font des thèmes (traductions de français en allemand) j'ai toujours peur de ne pas les corriger très exactement : c'est une chose que tu feras très exactement !

Il est bon de penser aux jours qui viennent, c'est meilleur que de se lamenter sur le présent ou se laisser entraîner à des joies malsaines. J'ai des tas de projets. Ne serait-ce que sur notre fils : il apprendra deux langues au berceau : le français et l'allemand et plus tard l'anglais, le slave, et une des langues latines… Enfin n'anticipons pas !
Gerda *Kind, Ich möchte dir haben, hier, bei mir. Meine Stube ist klein wie ein Nest. Wir beide aber wurden glücklich hier. Mein Bett ist klein als der Ahrensfelder*[51]
Je m'endors encore avec le bras tendu sur le traversin, ta tête, hélas n'y repose plus. *Es war so schön. Manchmal ich traume noch von unseren Nächte.*[52]
Mittwoch :
Noch ahnt man kaum der Sonne Licht, noch sind die Morgenglocken nicht erklungen[53]…
Tu vois, je n'ai pas oublié tout mon allemand. Il le faut d'ailleurs puisque je l'enseigne !
Ma petite fille chérie, sais-tu à quoi je m'amuse parfois ?
Je fais un croquis de Dannenberg ! La grand-route, lorsqu'elle revient de Steinbeck, puis le petit chemin blanc ; on tourne à droite : chemin de terre et puis, au tournant, on arrive devant chez Stephan ! Oh ! Je saurais bien exactement la route. Je frappe, je me présente, on ne me connaît point… mais toi, qui as entendu de l'autre pièce, tu entrouvres la porte et tu te précipites.
Mon Dieu, quel baiser ce sera, que notre premier baiser ! Penses-tu parfois à ce moment-là ? Moi c'est ma vie. Je n'ai guère de joie en ce moment, mais le passé et l'avenir sont pleins de lumière… Alors on peut vivre quand même ! Cette petite image que tu m'envoyas, la seule que j'aie, est le point lumineux de ma chambre. Elle vit, sais-tu. Je vois le bambin grandir et toi qui te réjouis comme s'il était tien.
Te souviens-tu de notre deuxième Noël et de tes craintes ? Gerda, c'est notre vie qui est là, notre vie passée et celle qui vient ; qu'importent ces quelques mois.

---

51 Je te veux ici avec moi. Ma chambre est aussi petite qu'un nid. Mais nous deviendrons tous les deux heureux ici. Mon lit est plus petit que celui d'Ahrensfelde.

52 C'était si agréable. Parfois, je rêve encore de nos nuits.

53 Mercredi: on peut à peine deviner la lumière du soleil, et les cloches du matin n'ont pas sonné.

L'épreuve est dure, mais nous sommes forts. La joie, ensuite, en sera plus belle, plus savoureuse. Je sais que dans tes yeux il y a toujours cette lumière. Je sais que ton cœur est grand et bon et que tu me l'as donné. Je sais que tu es moi et que je suis toi et que rien ne nous séparera. Alors, je vis quand même et j'espère.

André

9. *Mercredi 27 février 1946*

Saintes le 27-2.

Gerda mienne,
Un soir comme tant d'autres. Sans grande peine. Sans grande joie non plus car tu n'es pas là. Par hasard j'ai parlé ce soir des années passées, de toi, de Hermann. Puis ma cousine a joué au piano quelque chose de Gluck et j'ai pu rêver à mon aise, rêver à toi.
Mes jours sont pleins à craquer. Cours et leçons, ce soir encore on m'a demandé des leçons mais je crois que je ne pourrai pas accepter, toutes les forces ont des limites. J'ai fait un peu d'allemand : je révise mes déclinaisons, il me manque encore le « genre » de beaucoup de mots. Peu à peu cela viendra aussi. Peux-tu travailler ton Français ? Je serais heureux que tu puisses le faire.
J'ai reçu, ces jours passés, ta lettre du 4. Elle n'avait mis que 20 jours à me parvenir : c'est merveilleux, sais-tu.
Gerda *Kind* tu ne dois pas désespérer, pourquoi toujours cette inquiétude en toi, pourquoi ces idées noires : tu es si jeune ma chérie, nous avons toute notre vie devant nous… Gerda mienne, tu sais que, toujours, je suis près de toi, tu sais que c'est toi que j'attends. Les lois sont encore contre nous. J'ai fait tout ce que j'ai pu : il faut attendre encore un peu. Essaie, toi aussi, fais ou renouvelle ta demande de rapatriement. Elle a été, en principe, acceptée ici, peut-être pourras-tu enfin l'obtenir avant que la paix définitive soit signée. Essaie Gerda chérie… J'attends le jour heureux qui nous réunira, nous avons déjà tant de souvenirs communs. Notre vie est déjà si mêlée… Nous ne pouvons pas être séparés. Quelques jours pénibles à passer, bientôt la joie reviendra.
Tu peux imaginer facilement ma vie : c'est la même que là-bas, exactement la même, mais je fais des cours au lieu de poser des fils ! Ma chambre est toute semblable. Je n'ai pas voulu la changer en souvenir de notre vie passée. Je ne veux pas goûter aux joies de ceux

qui sont heureux. Je t'attends, nous serons heureux ensemble. Mon travail est aussi ma distraction, un peu de musique aussi. Et puis parfois je vais aux champs avec mon père. La vie est bonne ainsi : il n'y manque qu'une chose : l'amour, toi Gerda mienne…
J'oubliais aussi un plaisir bien inoffensif : je joue au ping-pong comme un enragé. Connais-tu ce jeu ?
Gerda, si tu as un peu de temps, perfectionne-toi en français : c'est une façon de l'utiliser utilement, cela simplifiera bien des choses. Essaie aussi de m'écrire en français comme autrefois. Au début, tu feras beaucoup de fautes, puis peu à peu cela s'améliorera, tu le verras… Essaie ! Veux-tu ?
Demain, ma lettre partira vers toi. Quand l'auras-tu ? Quand aurai-je ta réponse ? Ah ! Je sais, nous sommes loin, qu'importe mon aimée puisque nous nous connaissons et que nous avons confiance l'un dans l'autre. Il faut être patient, savoir attendre. D'autres ont attendu plus longtemps que nous et sont restés fidèles…
Minuit, je vais jouer une berceuse de Mozart que je dois apprendre à mes élèves ; si tu l'entends, pense à moi comme je pense à toi. Car au-dessus des guerres et des haines il y a malgré tout cette communion des cœurs dans ce qui est beau et durable. Quand on parle de Haydn ou de Gounod, on ne pense plus ni en allemand ni en français : on pense beauté.
Véritable entente : la communion dans la beauté. Presque partout on trompe les masses. À volonté, on leur commande de se haïr et de s'exterminer… Et si elles cherchent à se comprendre, on trouve bien vite quelque chose qui puisse les diviser. Je ne connais point de frontières, je ne connais point de races : quelles que soient leur nation et leur origine, j'admire les hommes à l'esprit large et au grand cœur ; les autres, les égoïstes, les brutes, les imbéciles : je les méprise. Cela n'a rien à voir avec les frontières…
Gerda chérie, tu es près de moi, tout près de moi : nos cœurs, nos âmes se confondent. Je sais ce que tu sais, tu penses ce que je pense, je souffre ta souffrance et tu te réjouis de ma joie. Tu es plus près de moi que ceux qui vivent à mes côtés, plus près de mes amis, tu es moi-même qui vis et qui souffre. Si quelqu'un te fait mal, pardonne-lui, car les hommes ont tant souffert ces temps derniers que quelques-uns sont devenus méchants. Il ne doit y avoir en toi ni haine ni résignation, mais rien que le désir, la volonté de triompher, de réussir quand même et malgré tout. Tu verras, *Gerdalein,* nous aurons, nous aussi, notre joie, et elle sera belle, et elle sera durable, et personne ne pourra la détruire ! On ne doit

point rechercher la souffrance, on ne doit pas agir comme ces religieux ridicules qui se mortifient exprès et pour faire preuve de zèle. Mais si elle vient, la souffrance, alors il faut savoir la supporter et la vaincre : elle n'est jamais inutile, elle apprend toujours quelque chose. Elle opère un tri : les bons en sortent meilleurs, les mauvais plus mauvais ! *Gerdachen,* n'est-ce pas que tu veux être forte et savoir attendre ? N'est-ce pas que tu veux essayer encore de demander ton passage en France ? N'est-ce pas que tu veux te perfectionner en français ?
Il faut toujours tout faire dans un seul but, marcher vers un point unique, espérer une même chose ; alors on atteint le but, on arrive au point fixé, on obtient ce qu'on désirait. La révolte est ridicule, la résignation méprisable. Celui qui est raisonnable fait tout ce qui est en son pouvoir pour obtenir ce qu'il désire et attend : un jour vient où ses vœux sont exaucés.
Une heure bientôt dans la nuit. Tu dors peut-être. Je voudrais être le rêve qui naît dans tes yeux clairs, je voudrais être le souffle qui caresse ta lèvre. Gerda, mon amour, je vais vers toi, je suis en toi. Sens-tu ma présence ? Je suis le baiser que tu espères, la caresse que tu attends. Le vent souffle de l'Ouest et porte vers toi la berceuse que je chante.
Un jour, il y a longtemps, aux premières heures de notre amour, tu m'écrivais une phrase semblable, car tu étais quelque part vers *Frankfurt-am-Main* ! Nous étions loin de l'autre, plus loin encore que maintenant, car nos cœurs se connaissaient mal, et nous nous sommes retrouvés.
Gerda, nous nous retrouverons encore et pour toujours… parce que nous nous aimons.

André

10. *Vendredi 8 mars 1946*

Saintes, le 8-3-46

Gerda mienne,
Je reviens de Mortagne et je suis un peu las, car le vent est dur et le froid est vif. Nous sommes subitement retombés en hiver !
J'ai reçu ta première réponse à l'une de mes lettres de janvier, une longue réponse où je te retrouve avec tes joies, tes dépressions et tes enthousiasmes. *Gerdachen,* je ne veux pas te retrouver différente : les évènements doivent passer sur nous sans nous transformer. Nous ne devons prendre que ce qu'ils ont de bon…

Chérie, je sais qu'avec moi tu seras toujours la mienne, celle que j'aime…
J'ai travaillé avec mon père. Nous avons préparé les champs pour les prochaines semailles, les plantations qui viennent. Nous avons rentré le bois coupé en hiver. Les durs travaux reprennent, c'est une joie et une fatigue : mais la joie est bonne et saine !
Gerdachen, il ne faut pas désespérer : il n'y a que quelques mois que nous sommes séparés, la paix n'est pas encore signée, nous ne pouvons pas encore aller l'un vers l'autre ; un jour viendra qui nous réunira, c'est sûr : je ne sais pas encore quand, mais je sais que ce jour sera ; essaie à Pâques. Tu peux demander à venir en France. On t'accordera ou on te refusera, mais de toute façon tu peux demander ! Si on te refuse maintenant, tu demanderas à nouveau dans deux mois : un jour viendra où tu auras l'autorisation… Il faut savoir attendre : tu as confiance en moi et j'ai confiance en toi. Nous savons l'un et l'autre que notre heure de joie viendra… Alors, nous devons avoir la force de vivre et d'attendre ! …
J'avais reçu, il y a environ 1 mois et demi, une lettre de Ruth par l'intermédiaire d'un soldat français de Berlin ; je lui avais répondu. À nouveau, j'ai reçu une réponse d'elle, mais je ne peux plus écrire, car le soldat est parti, démobilisé.
En ce moment, je traverse une crise noire, cela m'arrive parfois à moi aussi, le temps est gris, il fait froid. Mais je suis bien sûr que lorsque reviendra le soleil, la joie aussi reviendra en moi !
Bientôt va s'ouvrir la conférence de la paix. J'espère beaucoup d'elle. Lorsque la paix sera rétablie, les relations normales avec les différents pays seront à nouveau possibles et si, d'ici là, tu n'as pas pu venir, je crois, j'espère, qu'à ce moment-là, tu pourras le faire.
Ainsi, même en étant pessimiste, c'est tout au plus quelques mois à attendre : c'est si peu de chose quelques mois ; c'est si long aussi quand on attend !
Je n'ai pas encore écrit à Henri : mon travail va sans cesse en augmentant et, en ce moment, j'ai une sorte de défaillance : j'ai toujours envie de dormir, je ne peux plus veiller tard comme auparavant ; aussi suis-je bien en retard pour un tas de choses !
Et toi Gerda chérie ? Avec tous tes petits, tu dois aussi avoir bien de l'occupation ; sans doute ne peux-tu plus travailler aux champs comme autrefois et pourtant, c'est excellent cette vie mi-intellectuelle, mi-manuelle : je trouve que c'est sans doute la meilleure solution, à la fois pour soi et pour les autres

Gädecke est-il enfin réintégré dans l'enseignement ? Ici, les luttes politiques sont assez troubles ; les éléments qui ont été chassés du pouvoir font des efforts inouïs pour y revenir.
Il y a beaucoup de malpropreté partout, mais nous avons formé un petit groupe qui, en dehors de toute idée politique exclusive, essaie de voir ce qui est bon et ce qui doit subsister. Gillette est une fervente communiste, Huguette est sans opinion politique bien arrêtée, son beau-frère a été déporté politique en Allemagne (Oranienburg), mais elle n'est pas aveuglée par la haine et appartient au groupe socialiste, Henri appartient au M.R.P. (groupe catholique français). Pour l'instant, je n'adhère à aucun parti, mais je sympathise surtout avec le groupe socialiste. Il y a donc à peu près toutes les nuances représentées autour de moi et comme tous sont de bons et braves cœurs je me réjouis de les avoir pour amis.
Jacquier (Fernand) m'a écrit récemment : il est toujours à la recherche de la petite russe qu'on l'obligea à quitter un jour de juin de l'an passé ! Lui aussi a bien mal, il a essayé tout ce qu'il était possible d'essayer, mais jusqu'ici sans résultat.
Cette guerre a fait bien souffrir ! Et ce qui m'écœure c'est que des gens n'ont encore rien compris, rien appris : ils sont confinés comme avant dans leurs petites attitudes bourgeoises, ils crient parce qu'un peu de pain leur manque, mais s'empressent de le jeter, dès qu'ils en ont à discrétion, sous prétexte qu'il durcit vite
On a aussi conservé l'habitude de chercher des coupables qui ne soient pas nous-mêmes : tout d'abord ce furent les Allemands, le gouvernement Pétain. Maintenant, les Allemands sont partis, le gouvernement Pétain n'est plus ; alors après un bref enthousiasme pour de Gaulle on l'a accusé aussi ; on accuse les Américains qui ne nous aident pas, les Anglais qui nous laissent tomber, les Russes qui ne s'occupent pas de nous.
Il ne viendrait à l'idée de personne d'accuser la paresse et la malhonnêteté qui règnent un peu partout. Quel nettoyage pourtant il y a à faire ! Mon Dieu ! Des gens ont vécu douillettement et presque heureux pendant toute la guerre et ce sont ceux-là qui se plaignent plus que quiconque ! Et partout, partout, il en est ainsi !
Gerdachen, le monde n'est pas très beau et je voudrais t'avoir là, auprès de moi et que nous soyons heureux tous les deux sans plus nous occuper des laideurs et des haines.
Peut-être aurons-nous encore des jours pénibles, peut-être aurons-nous aussi à souffrir de ce monde bête et ridicule qui jamais ne sait

comprendre, mais qu'importe puisque nous serons tous deux. Tu m'aideras à préparer mon travail d'allemand, tu arriveras à parler aussi bien français que moi et nous aurons ainsi réalisé dans l'amour une union vraie. C'est une toute petite étape, un point minuscule mais réel de la grande entente universelle.
Rien ne peut tuer notre amour, *Gerdalein*, il est né dans la souffrance, il a grandi dans la souffrance et ces sortes d'amour là ne meurent pas. Le nôtre vivra, Gerda mienne, sois forte et patiente, bientôt nous serons heureux.
Transmets mes amitiés à tous !

André

11. *Lundi 11, mardi 12, mercredi 13, vendredi 15 mars 1946*

Saintes le 11-3

Gerda chérie.
Un matin de lundi. Hier soir j'ai travaillé tard. J'ai de plus en plus de travail ! Maintenant, je donne des cours de français aux employés de chemin de fer qui veulent passer un examen et s'élever dans la profession ! Toute cette activité me plaît d'ailleurs : j'ai moins le temps de m'ennuyer…
Gerda mienne, voici longtemps que je n'ai rien reçu de toi. Tes lettres me sont une si grande joie… Souvent lorsque je les ai lues il me semble t'avoir rencontrée ; souvent je pense : « Il faudra que je dise cela à Gerda lorsqu'elle viendra » … car tes lettres me font imaginer ta visite. Ces mots que je reçois chaque semaine sont comme une présence : il me semble que, comme autrefois, tu viens vers moi souvent. Parfois j'y crois très fort et lorsque le rêve s'efface, je me moque un peu de moi !
Chérie, voici tant de jours que nous sommes séparés, et, pourtant, ta tête a laissé sa place au creux de mon épaule et mon bras s'étend le soir comme pour recevoir ta tête. Tu es toujours aussi près de moi, tu vis avec moi chaque jour, chaque instant. Je t'associe à mon travail et à mes projets. Jamais tu ne seras une étrangère, jamais je ne sentirai un vide entre toi et moi, tu es toujours ma Gerda, mon épouse, celle avec qui je partage tout, joies et peines et ennui et espoir. Trois ans de bonheur ne s'effacent pas, ne s'amoindrissent pas. J'appelle de toutes mes forces la joie de demain, je sais, *Gerdachen,* que tu ne peux m'oublier. J'ai confiance en toi, une confiance immense, indicible. Notre amour est trop grand pour que tu le caches. Gerda chérie, les plus belles joies

viendront nous récompenser de notre longue attente. J'ai confiance dans les jours qui viennent. La paix vient et notre joie et l'épanouissement de notre amour.

12.3

Hier une lettre est venue, celle que tu m'écrivis en revenant de ton stage. Chérie je suis heureux de vivre avec toi, de partager ton travail, tes pensées. Je ne peux guère te donner de renseignements pédagogiques, car mes élèves sont tous assez âgés et naturellement les méthodes ne sont pas les mêmes ; pourtant, demain, si j'ai un peu de temps, j'en parlerai avec toi.

Ce soir, je suis K. O. : il est minuit et demi. Voici 17 heures que je travaille presque sans arrêt. D'ailleurs, je fais, presque chaque jour, 17 heures ! J'ai donné mon premier cours aux employés de chemin de fer : amusant – jeunes gens et jeunes filles entre 21 et 25 ans – ; je m'étais rasé pour la circonstance, l'atmosphère est bonne !

Bonne nuit, Gerda chérie… tandis que tu rêves, j'embrasse tes yeux

13.3. soir

Minuit ! Je termine mon travail. Encore une journée bien remplie ! Pourrais-tu dans tes lettres me joindre une fiche me donnant quelques renseignements sur chacun des rois de Prusse depuis 1640 ? Chacune de tes lettres contiendrait une seule fiche consacrée à un seul roi. Ce n'est pas surtout les faits principaux qu'il me faudrait (je les ai dans mes livres) mais quelques anecdotes, quelques aspects peu connus de leur caractère. Même chose pour les grands poètes et pour les grands musiciens ! Tu vois, j'accrois encore ton travail, mais ne le fais que si cela t'est matériellement possible.

À demain Gerda chérie, je m'endors en pensant à toi !

15.3 au matin

Mauvaise journée hier : je suis allé me faire arracher une dent. Il ne restait plus que la racine et ce fut une véritable opération chirurgicale ! Je n'en suis pas encore complètement remis ce matin, mais, pourtant, il faut aller au travail. Il est bientôt temps que des vacances arrivent, car je me sens extrêmement fatigué. Mais je retrouverai vite la vigueur à la Ramigère !

Deux mots sur la pédagogie : la tendance actuelle chez nous, comme là-bas sans doute, est de ne rien imposer à l'enfant. Le principe est excellent, mais on va trop loin et je n'en suis pas totalement partisan. Voici la méthode employée : on rentre le matin en classe et pendant ½ heure ou ¾ heure on parle : maître et élèves : chacun dit ce qu'il a vu d'intéressant, ce qu'il voudrait bien faire aujourd'hui, ce qu'il a rêvé,

etc. : quatre ou cinq faits émergent alors de ce fouillis. Le maître les relève et on va les exprimer (les élèves) d'une façon aussi correcte que possible. Si l'on a une petite presse à l'école ces phrases seront imprimées et paraîtront dans le journal hebdomadaire de l'école !
Maintenant tout va tourner autour de ces quelques idées : les textes des problèmes s'y rapporteront, la dictée en sera constituée. On essaiera d'en faire le texte d'une leçon de choses. Parfois mais plus rarement l'histoire et la géographie pourront s'y rapporter plus ou moins directement. Naturellement la lecture, les phrases d'écriture en seront le direct écho.
Voici un procédé, il vaut ce qu'il vaut, c'est-à-dire que, comme tout procédé, il y a du bon et du mauvais. Je t'en donne un autre, simplement pour que tu le connaisses, mais il ne me plaît guère : on divise la classe en un certain nombre d'équipes (des camarades ayant à peu près les mêmes goûts se mettent ensemble) ; on choisit l'un d'eux – plus intelligent ou plus âgé que les autres – comme chef d'équipe. Le maître a classé ses sujets de calcul, de grammaire, d'histoire, de géographie, etc. et les a rédigés sur des fiches en carton portant un numéro. Voici le fonctionnement. L'équipe A se consulte quelques instants à la rentrée : qu'allons-nous faire aujourd'hui en calcul ? Peut-être des problèmes de fractions. Le chef d'équipe cherche dans le fichier et trouve : problèmes de fractions n° 6. Il y a 2 ou 3 énoncés. L'équipe cherche les problèmes. Au bout d'une heure les problèmes sont faits. On va dans un fichier correspondant et on cherche le n° 6. Là se trouve le corrigé des problèmes. Ainsi, on voit les erreurs commises. Pendant ce temps une autre équipe fait peut-être de la géographie, et une autre des sciences, selon son goût. Lorsque la classe fonctionne bien elle pourrait presque se passer de maître. Il n'est là que pour maintenir une certaine discipline (très lâche), donner des explications et commenter certaines leçons difficiles.
Toutes ces choses-là apparaissent théoriquement merveilleuses, mais je leur reproche d'abord le travail d'équipe qui donne toujours des résultats assez médiocres (je te dirai pourquoi dans ma prochaine lettre). Je leur reproche aussi de considérer les enfants ainsi que des hommes : or cela est pratiquement impossible ! Est-ce à dire que tout soit condamnable ? Non. Je te dirai bientôt ce que j'en ai conservé. Ce que nous voulons surtout c'est lutter contre la discipline rigide et automatique, contre le dressage et le rabâchage. Autant que possible nous voudrions éveiller des intelligences !

Bien pédagogique ma lettre aujourd'hui n'est-ce pas ? Mais elle te dit aussi pourtant combien je t'aime.

André

12. *Mardi 19, mercredi 20 mars 1946*

Saintes le 19-3

Gerda mienne,
Hier ta lettre du 24-2. Ta lettre si heureuse, si optimiste. *Gerdachen,* je te retrouve enfin avec ton courage et ton enthousiasme, et je suis heureux, vraiment. Je vois qu'il n'y a rien de brisé en toi, que tu sais toujours vouloir et espérer ; chérie, nous sommes toujours si proches ! Sais-tu que le printemps nous est arrivé aujourd'hui, un printemps tout neuf avec du soleil et de la gaîté ! Peut-être est-ce pour cela que j'ai fait chanter à mes grands gamins : « Frühlings Ankunft » : *Alle Vögel sind schon da !*[54]... Tout est gai.
J'espère que tu sauras tenir tes résolutions : continuer à apprendre le français et tenter de nouvelles démarches à Berlin. Je crois que, de mon côté, l'affaire fait des progrès. Tout irait très bien si je n'étais pas en traitement en ce moment chez le dentiste : il m'a mis les mâchoires en bouillie et cela me fait terriblement mal. Mais j'aurai, pour te recevoir, une bouche toute neuve !
Je vais te quitter pour ce soir, Gerda chérie, car il est minuit encore. N'aie crainte pour ma santé. Je me porte fort bien. Ne vaut-il pas mieux que je travaille beaucoup lorsque tu n'es pas là, pour pouvoir t'offrir plus de temps ensuite ? Dors, Gerda chérie, je murmure pour toi les mots que tu aimais.
20.3.
Grande réjouissance en ville : un cirque est là. Je n'ai pu y aller, car j'avais un cours assez tard.
Aussi ai-je préparé mon dîner ; puis j'ai mangé, préparé ma classe de demain. Maintenant, je vais aller dormir.
Pour terminer la partie pédagogique de ma dernière lettre je te disais donc que le travail d'équipe ne m'emballe pas. En effet dans la pratique on remarque qu'en général deux ou trois élèves intelligents travaillent dans chaque équipe : les autres regardent. Et puis si je suis partisan

54 « Arrivée du printemps » : tous les oiseaux sont déjà là.

d'une camaraderie aussi poussée que possible (chacun prête au voisin tout ce qu'il possède) je suis pourtant partisan aussi du travail personnel, qui est presque à l'opposé du travail d'équipe. Enfin chacun est libre d'avoir là-dessus son point de vue. Mais ce que je reproche surtout à toutes ces méthodes, c'est de vouloir trop faciliter la tâche de l'enfant. Or la vie n'est pas « un chemin fleuri », à chaque instant il faut faire un effort, aussi je crois qu'il est nécessaire que l'enfant apprenne cela de très bonne heure. Il ne doit pas supposer que tout est simple et que chaque homme fait sans cesse ce qu'il veut. Mais il doit sentir la nécessité de l'effort qu'on s'impose à soi-même. Évidemment, comme dans chaque nouveau système il y a quelque chose de bon à prendre. Mais justement il ne faudrait pas que cela tourne au « système » ; l'éducation est une science bien complexe où rentrent des tas de petites choses glanées un peu partout au hasard des lectures et des expériences. Ça ne doit pas être quelque chose de froid, de calculé, de méthodique, mais quelque chose de vivant et qui évolue sans cesse. Chaque maître a sa façon de procéder et cette façon se transforme sans cesse !

Encore une question : apprend-on encore dans les écoles allemandes *Die Deutsche Handschrift*[55] ? Autrement dit, est-ce que tu apprends à tes petits *a b c d* ou bien a, b, c, d ? Quelle est la tendance, abandonnera-t-on, pour les lettres courantes, la vieille *Handschrift* au profit de l'écriture latine ou non ? N'oublie pas de me répondre, car c'est assez important pour moi.

Nous étudions en ce moment des choses fort difficiles. Ce sont les mythes germaniques « *Altegermanische Göttersagen* » :

Odin,
Thors Hammer,
Baldurs Tod,
das Runen Alphabet,
Siegfried, der leichte Held, u.s. w.[56].

Tu vois que nous allons être bientôt des gens très forts ! Nous nous reposerons d'ailleurs en lisant *Rübezahl*[57]…

À quelle heure tu te mets au lit, *Gerdalein ?* Afin que je pense à toi,

---

55 *Die Deutsche Handschrift* : l'écriture allemande.

56 Mythes germaniques anciens : Odin, Thors Hammer, la mort de Baldur, l'alphabet runique, Siegfried, le héros facile, etc.

57 *Rübezahl* est un être fantastique du folklore allemand, géant capricieux vivant au cœur des monts des géants en Silésie. La légende de Rübezahl a fait l'objet de nombreuses adaptations : livres, opéras, pièce de théâtre, films.

lorsque tu penses à moi. Te souviens-tu qu'autrefois nous faisions ainsi ?
Samedi matin.
Voici deux jours que ma lettre est là, inachevée. Il est des jours où le travail devient si intense que je n'ai plus un moment de libre. Mais je veux que mes quelques mots partent vers toi. Ce soir je vais à la Ramigère : le printemps nous est venu tout d'un coup il y a trois jours comme s'il voulait pour une fois respecter la date du calendrier ! Nous avons eu trois jours merveilleux, puis hier au soir la pluie est revenue. Malgré tout, on sent bien qu'il y a quelque chose de changé : si le temps est un peu gris ce matin, les oiseaux n'en chantent pas moins et, lorsque je suis descendu, il y a quelques instants, deux d'entre eux se répondaient si allègrement que c'était un plaisir ! Partout, au long des chemins les violettes embaument et les pêchers entrouvrent leurs fleurs roses… Je désire ardemment que l'an prochain nous vivions cette éclosion ensemble. Il y a beaucoup d'arbres fruitiers à la Ramigère. N'est-ce pas que cela te réjouira de les voir s'ouvrir à la vie ?
C'est l'époque où nous commencions à passer nos dimanches aux champs et nous étions heureux ; nous disions : « Bientôt, nous pourrons planter notre tente ! ». T'en souvient-il ? C'est l'époque où Pâques approchait. Pâques, tes vacances et nos longues périodes de jours heureux : longues flâneries au lit le matin, et ce bain de lézard à midi au soleil, devant la maison lorsqu'il n'y avait personne. Gerda chérie, te souviens-tu de tout cela ? … Que de souvenirs heureux… J'ai oublié les bombardements, ces heures tristes dans la cave où tu avais peur, j'ai oublié les tracasseries de la Police, nos craintes, nos inquiétudes… Il ne reste en moi que l'épanouissement merveilleux de notre amour, de notre joie… Et c'est pourquoi j'espère en une autre joie ; plus vivante encore, plus durable. Il me semble que jamais je ne saurai être vraiment heureux sans toi. Nos vies ont été trop mêlées, elles sont greffées l'une sur l'autre, on ne peut pas les séparer… *Gerdalein,* après nos périodes d'angoisse, toujours est venu un moment qui nous a réunis. Je suis sûr que, cette fois encore, Dieu ne nous abandonnera pas : il suffit de désirer ardemment, de sans cesse essayer… à un moment donné la barrière se brisera. J'en suis sûr, bientôt, nous serons ensemble. Je t'attends et je t'aime.
Bonjour à ceux que je connais.

André

13. *Mercredi 27, jeudi 28 mars 1946*

Mercredi 27-3

Gerda chérie,
Minuit et demi. J'ai relu ton livre et j'ai vécu avec toi tes heures d'angoisse et tes heures d'attente. Maintenant, je vais dormir. Je suis brisé, harassé de travail, mais heureux, car je sais que tu m'attends, que tu m'aimes comme je t'aime.
Voici bientôt près de 15 jours que je suis sans lettre de toi, et cela m'attriste un peu. Mais j'ai tant de joie à connaître toute ta vie, à sentir ton amour ! Gerda chérie, nous sommes maintenant un vieux ménage : 3 ans et demi, presque !
Jeudi 28
J'ai été paresseux ce matin. 8 heures ! À 9 heures, j'ai une leçon particulière à donner : encore un moment pour venir avec toi.
J'ai parlé allemand pendant la moitié de la nuit ! Un rêve assez bizarre puisque c'est avec un russe que je parlais allemand ! Figure-toi que ce Russe, qui s'occupait de l'entretien des chemins, ne voulait pas faire arranger le sentier qui passait devant ta maison à Dannenberg ! Qu'est-ce que je l'ai sermonné !
Gerdalein, si tu savais comme j'avais mal hier au soir en lisant tout ce que tu écrivis sur Inge, en lisant aussi que cela aurait pu t'arriver aussi, tant tu étais parfois découragée et pleine de doute. Mais je suis sûr que, malgré tout, quelque chose t'a toujours retenu : tu n'aurais pas voulu profaner notre amour, n'est-ce pas ?
Gerda, je n'ai jamais conservé un mauvais souvenir de toi. Toutes nos heures, toutes, furent pour moi des heures de joie et leur souvenir est source de joie. Notre vie était telle qu'elle devait être et surtout elle était imprégnée d'amour, et ce sont justement les petits souvenirs d'heures un peu particulières dont tu parles qui m'amusent le plus et je pense : « ce que nous étions jeunes tous deux quand même ! ».
Et je me représente avec joie que, lorsque nous nous retrouverons, notre vie commune sera encore comme cela ! Je suis sûr que je voudrais encore mettre mon nez dans la cuisine et que tu te mettras fort en colère, je suis sûr que je voudrais encore avoir toujours raison et que tu te défendras comme un beau diable avant de me clore la bouche par un baiser.
Gerdachen, la vie est là simple et tranquille et heureuse, et nous l'attendons. Elle va venir, elle vient : quelques semaines, quelques mois

peut-être à attendre encore et nous nous retrouverons. Les souvenirs pénibles seront vite oubliés. Nous chasserons bien vite les images trop laides : jamais je ne te reprocherai ce qui ne fut point de ta faute, Gerda, Gerda chérie, je sais que tu es restée uniquement mienne…

Jeudi soir

Un jour encore s'est passé sans m'apporter de tes nouvelles. Et c'est long, sais-tu, tout un jeudi sans avoir rien à lire de toi.

Gerdalein, voici 15 jours bientôt que je suis sans nouvelles ! J'ai travaillé tout au long du jour. Ce matin : leçons particulières, puis aller chez le dentiste ; correction de devoirs. Je me suis donné une heure de repos, car ma cousine est venue me chercher afin que nous goûtions ensemble.

Gerda chérie, hier soir il y avait bien de la tristesse en moi, car je pensais à nos jours heureux. C'était l'anniversaire de ma cousine[58] (51 ans) et, comme elle et son mari sont assez gentils pour moi, je lui ai offert un pot de tulipes. Pour la première fois depuis presque un an, j'ai acheté des fleurs et cela m'a fait mal.

Je pensais qu'autrefois ces fleurs-là étaient pour toi. *Gerdachen,* j'avais tant de joie à te faire un peu plaisir. Je revois les fleurs dans le coin sur le petit meuble, sur la table la jolie nappe que tu avais apportée, je revois mes tas de livres. Gerda, comme nous étions heureux malgré la tourmente. Comme nous serons heureux encore lorsque tu seras là…

Nous nous débattons en ce moment contre de terribles règles de grammaire : déclinaison des noms « faibles » type *der Bär*, *des Bären* ; des noms forts (*der Hof*) ; et des mixtes (*der Gedanke*)[59]. Conjugaison des verbes forts et des verbes faibles. Construction de phrases…

Il est vrai que, pour nous délasser, nous apprenons « *Frühlingslied* » de Bodenstedt[60]. T'ai-je dit que j'avais une toute jeune élève de 14 ans qui commence juste, mais qui semble vouloir fort bien travailler. Nous avons déjà commencé à traduire ensemble les histoires de *Rübezahl* ! Et voilà que déjà, il lui est arrivé malheur : je lui avais expliqué que *Rübezahl* vient de *Rübenzähler* qu'on traduit en français par « le compteur de betteraves ». Malheureusement, il y a en français deux mots qui se prononcent pareil : compteur et conteur. Si bien que, ayant

58 Denise est l'épouse d'Armand Herbert, directeur de l'école Nicolas Lemercier à Saintes, où André est logé en 1945-46.

59 *Der Bär* : l'ours ; *der Hof* : la cour ; *der Gedanke* : la pensée.

60 Chant du printemps : « *Wenn der Frühling auf die Berge steigt …* »), lied composé par Friedrich Martin von Bodenstedt (1819-1892).

mal compris, la brave petite fille écrivit comme titre de la traduction « Le conteur de betteraves », qu'on pourrait traduire en allemand par *Rübenerzähler* !
Nous n'en sommes encore qu'au début de la première histoire : *Rübezahl und die Prinzessin*[61], alors que celui-ci dit *« Ich bin der Herr des Gebirges, und mir gehört alles was du hier siehst : das Schloss und der Garten, ausserdem ungeheure Schätze und zahllose kluge und geschickte Diener, die alles will ich gern mit dir teilen erhabenste Prinzessin, wenn du dich als meine Gemahlin betrachten willst... »*[62].
Alors, imagine un instant que je sois grand seigneur et toi princesse et accepte cela comme étant ma déclaration. La vérité m'oblige à te dire que tout ceci est un peu exagéré : je n'ai en réalité qu'une petite chambre, une petite table et un petit lit à t'offrir… Mais un grand cœur aussi qui est tout plein de toi.
Gerda chérie, toutes mes pensées sont tournées vers toi. Tout ce que je fais, tu y participes, souvent je me prends à dire « Qu'en penserait *Gerdalein ?* ». Et il en fut toujours ainsi.
Je me souviens encore qu'il y a bien longtemps, lorsque je t'écrivais ces choses pour la première fois, tu riais un peu et tu n'y croyais pas… Et puis tu as compris que, pourtant, c'était vrai.
Chérie je suis avec toi à l'école. Je te vois au milieu de tous ces bambins. Parfois tu es en grande colère, mais souvent tu ris et ils rient avec toi. J'embrasse tes lèvres qui rient, *Gerdalein…*

André

14. *Dimanche 7, lundi 8 avril 1946*

Dimanche le 7

Gerdalein,
On pourrait presque m'appeler le visiteur de minuit, car c'est presque toujours l'heure à laquelle je t'écris. J'avais deux lettres la semaine passée. Dans l'une, la dernière, tu me dis que tu as revu tes parents de Berlin, Ruth t'a-t-elle donné ma lettre ? Elle m'avait transmis de ses

61 Rübezahl et la princesse.
62 Je suis le seigneur des montagnes, et tout ce que vous voyez ici m'appartient : le château et le jardin, ainsi que d'immenses trésors et d'innombrables serviteurs intelligents et habiles : je voudrais tout partager avec toi, princesse la plus sublime, si tu veux te considérer comme ma femme.

nouvelles et des tiennes par un soldat, je lui avais répondu et j'avais ajouté une lettre pour toi. Elle répondit encore une fois, mais le soldat m'indiquait, par un mot, qu'il allait être démobilisé et que je ne pouvais plus lui répondre.

Quant à Stramm, il devrait bien comprendre que, puisque le courrier n'est pas encore libre, je ne peux pas lui écrire ! Je vais essayer une chose : je vais lui adresser une lettre, impersonnelle, uniquement pour lui demander si certaines de mes affaires ont été sauvées. Avertis-le (lui ou sa femme). Qu'il n'ait pas à se froisser si ma lettre est extrêmement froide : c'est uniquement pour essayer afin de voir s'il reçoit ma lettre. S'il la reçoit, je lui écrirai de nouveau, ainsi qu'à toi. Tu devrais essayer aussi de m'écrire une fois directement, de Berlin ou de Bad Freienwalde, une lettre en français dans laquelle tu me dirais que tu as retrouvé, par exemple, quelques-uns de mes livres.

Gerdalein, pour Pâques je ne serai sans doute pas avec toi, et pour mon anniversaire non plus. Gerda chérie, il faut compter sur les vacances d'été. Elles sont longues, nous aurons beaucoup de temps et peut-être, d'ici là, les choses se seront-elles simplifiées.

Pour Pâques, je vais écrire de nouveau au ministère des Affaires étrangères. Toi, de ton côté, essaie de faire pour le mieux. Et, surtout, continue à apprendre le français. Ta lettre était très bien écrite. Il y avait vraiment très peu de fautes. Mais je ne veux plus que tu m'écrives des choses aussi tristes !

Sais-tu que, depuis près de 10 jours, le printemps était là, un vrai printemps, quand, tout à coup, le froid est revenu et, ce soir, j'ai fait du feu dans ma chambre. *Gerdalein*, je dors, ma tête dodeline et il y a des papillons devant mes yeux. C'est la dernière dure semaine. Lundi nous avons vacances : 15 jours à courir les champs avec mon père : un délice ! Les cerisiers sont en fleurs (de gros bouquets de fleurs blanches), les pêchers sont encore roses, mais les abricotiers portent déjà leurs fruits minuscules. Les fraisiers aussi commencent à fleurir, les fèves. Les pois sont déjà très hauts et superbes, les salades se sont refermées et attendent qu'on les coupe, les tomates sont nées et grandissent. Hier j'ai semé des radis… Je te parle de tout mon jardin parce qu'il est beau après les dernières pluies et qu'il faut que tu le connaisses ; il y a aussi beaucoup de fleurs : giroflées, iris et lilas, mais cela intéresse surtout maman ! Plus loin les blés sont déjà hauts et les vignes vont se réveiller bientôt.

Bonsoir, Gerda chérie : ta photo est là, il y a des fleurs devant, je l'aime bien parce qu'elle rit. Elle rit toujours, quand je rentre, quand je

m'éveille. J'aime bien te voir rire : c'est là que je te retrouve la mienne. Cette image a chassé l'autre. L'autre, c'est l'image de tristesse que j'avais emportée en mes yeux lorsque je t'ai quittée : un pauvre visage durci pour ne pas pleurer, tes cheveux qui venaient sur tes yeux sans que tu penses à les relever… Image de désespoir sur laquelle j'ai pleuré souvent en me couchant le soir… J'ai retrouvé ton visage qui rit parce qu'il espère. Et je le regarde avant de m'endormir, et je le regarde en m'éveillant.
Sais-tu que j'ai appris un « *Wiegenlied* » ? *Guten Abend, gut'Nacht mit Rosen bedacht…*[63]
Lundi matin, 7 heures.
Le soleil s'est levé bien avant moi, mais il est vrai que je m'étais couché longtemps après lui ! Un soleil gai, un soleil tout neuf de printemps, et le ciel est merveilleusement bleu, et déjà les oiseaux gazouillent : on sent qu'il fait bon vivre. J'ai fait mon lit, mon café bout : la journée va commencer. Quelques devoirs à corriger encore avant d'entrer en classe, mais j'ai deux heures encore, car nous ne rentrons qu'à 9 heures !
Je te rassemble quelques notes sur Romain Rolland et je te les enverrai dans ma prochaine lettre. Te souviens-tu des livres rouge brique qui étaient sur le coin de ma table ? Ils étaient de lui : « La vie de Ramakhrishna », « La vie de Vivekananda et l'évangile universel »[64], deux livres sur l'Inde dans lesquels il analysait la religion si large de deux prédicateurs indiens. Pour lui toutes les religions mènent à Dieu, toutes sont la manifestation de ce besoin de croire qu'a l'homme. On ne peut pas dire que l'une soit supérieure à l'autre : elles ont toutes leurs martyrs et elles ont toutes des vices ; mais toutes aussi, lorsqu'elles sont pratiquées avec amour, conduisent vers Dieu.
En éducation, en instruction, Romain Rolland a des idées merveilleuses : chacun, dit-il, a quelque chose de bon en soi, chaque enfant a des possibilités qui dorment encore. Or personne, aucun enfant n'a les mêmes que celles de son voisin, mais tous ont quelque chose de bon en eux. Le rôle de l'éducateur n'est pas d'apprendre quelque chose à ses élèves, il n'a pas à leur inculquer ce qu'il sait, ses qualités, ses idées ; non, cela, ce serait une sorte de viol. L'éducateur doit éveiller ce qui sommeille dans les enfants, il doit discerner ce qu'il y a de neuf, de personnel en eux et guider leur développement : chaque enfant doit

---

63 « Bonsoir, bonne nuit, veillé par des roses ... » : berceuse de Johannes Brahms pour piano et voix, composée en 1868 (figure dans le recueil *Wiegenlied).*

64 Voir notes 27 et 28.

aboutir à une « personnalité ». Nous ne devons pas faire des hommes en série qui penseront tous la même chose, qui auront tous les mêmes qualités.
De même, le rôle d'un ami n'est pas de chercher à faire croire à son ami ce que lui croit vrai, mais d'aide son ami à voir clair en lui. La vérité n'est pas une, elle a mille et mille formes, et ce que je crois vrai n'est peut-être pas vrai pour un autre ! Alors, comment faire ? Essayer de se comprendre et être toujours absolument sincère ; ainsi, nous pourrons comparer nos pensées et de cette comparaison jaillira peut-être une vérité plus grande.
Je ne sais si je me suis bien exprimé, mais la pensée de Romain Rolland est merveilleuse et infiniment tolérante. Puissent les hommes la comprendre !
Au revoir *Gerdalein*. La journée de travail commence mais tu restes dans ma pensée et tu vis avec moi, parce que notre amour est grand et qu'il vit.

André

15. *Vendredi 12 avril 1946*

Vendredi 12-4-46

Gerda chérie,
Je suis moulu, brisé, harassé… La journée d'hier fut bien remplie. Je suis parti mercredi soir à cinq heures après mon cours et j'ai fait 58 km à vélo pour aller chercher quelques livres que j'avais encore dans une petite ville. Jeudi matin, j'en repartais à six heures, je faisais 30 km à vélo pour passer à la maison de mes parents chercher mes effets de sport, et je revenais ici à Saintes (à nouveau 35 km). J'y étais vers dix heures. Une leçon particulière, un déjeuner rapide et, de deux heures et demie à quatre, j'arbitrais un match de football ; de quatre à cinq heures et demie, j'en jouais un. À six heures et demie, nous nous réunissions, quelques professeurs ensemble, pour fêter la distinction honorifique de l'un d'entre nous. À 8 heures, retour dans ma chambre, souper rapide, et préparations jusqu'à minuit.
Ce matin, je me suis levé à 6 heures et demie, puis travail de corrections. Maintenant, il est huit heures et demie ; dans une demi-heure heure je vais en cours. Mes genoux sont lourds, mes jambes raides, mon foie douloureux ; mais ça va bien quand même, et j'ai chanté.

Mais il me manque ton baiser pour être vraiment heureux, ton baiser Gerda, et le collier de tes bras. J'ai reçu la lettre où tu me contes la fête que tu avais organisée : c'est merveilleux cela, *Gerdalein*... Oui, j'aurais aimé y être. Y être avec toi, près de toi. J'aurais peut-être même pu jouer... Tiens, on aurait chanté « *Der Lindenbaum* » de Schubert[65] à 3 voix : c'est très beau.
Demain commencent les vacances de Pâques et je n'irai pas vers toi, pas encore... Et tu ne viendras pas vers moi. Mais bientôt je t'aurais, *Gerdalein*.
Dimanche matin j'irai à La Rochelle, la capitale du département ; je dirai un court bonjour à Huguette, je prendrais à la librairie quelques livres dont j'ai besoin, et je retournerai bien vite à Saintes, car lundi maman vient ici. Nous allons essayer de trouver quelque chose pour m'habiller, car voici que tout ce que j'ai est bien malade ! Je porte encore mon costume vert – te souviens-tu ? – pour tous les jours, mais il ne peut plus tenir !
J'ai ta photo ; je te remercie beaucoup Gerda. J'aime beaucoup ta tête qui me regarde toujours ; mais comme ta robe ne me plaît pas, j'ai disposé les deux photos ensemble (la petite que j'avais déjà et où tu es avec Joachim, et l'autre) de façon que seule ta tête apparaisse, et ainsi tu es beaucoup plus jolie. Tout cela est sous verre, et il y a des fleurs devant, des fleurs qui se fanent, d'autres qui sont bien vieilles, d'autres qui sont fraîchement cueillies : il y a de tout, du gui, des violettes, du muguet...
Une lettre vient d'arriver, une lettre lourdement chargée et que je connais bien, 15 et 23 mars. Une longue lettre en français : comme tu es gentille, *Gerdalein*. Oui, il y a quelques fautes, mais elles ne sont pas très nombreuses. Je te les signale : Pâque<u>s</u> (j'indique par un trait où était la faute, le mot tel qu'il subsiste sur mon papier est correct), difficultés (et non pas "*difficult<u>ées</u>"*). Positif donne au féminin "positi<u>v</u>e" (pas *fe*). On ne dit pas « quelques jours de mes vacances de Pâques je passerai à Berlin », mais : « je passerai à Berlin quelques jours de mes vacances de Pâques ». En général, en français, l'inversion est très rare, sauf lorsque l'on pose une question. On a donc ordinairement : sujet, verbe, compléments. Parmi ces compléments, on place le plus court d'abord et les plus longs en dernier. Exemple : Je (sujet) passerai (verbe) à Berlin (premier complément parce que le plus court) quelques jours de

---

65 *Der Lindenbaum* (le tilleul) est un lied composé par Franz Schubert en 1827, d'après un poème de Wilhelm Müller (1794-1827).

mes vacances de Pâques (deuxième complément parce que le plus long). Cette dernière règle est en général suivie, mais n'est pas obligatoire, et la phrase « Je passerai quelques jours de mes vacances de Pâques à Berlin » est, elle aussi, correcte. De même, pour l'adjectif, lorsqu'il est court, on le place avant le nom. Exemple : de beaux fruits. Lorsqu'il est long, on le place après. Ex. : des fruits succulents. On ne dit pas « J'avais peur que tu as perdu les sens pour la joie », mais : « J'avais peur que tu aies (après « que », on emploie le subjonctif) perdu le sens de la joie ». Ne pas dire : « je voudrais te voir en jouant », mais « je voudrais te voir jouer (simplement un infinitif) du ping-pong ». Ne pas dire : « tu l'appendras à moi », mais dire : « tu me l'apprendras », « je te le dirai », « nous nous l'écrirons », etc. La deuxième personne des verbes prend toujours un 's' : Tu l'ouvres, tu diras, tu chantes, etc. On écrit « chaque jour », mais on écrit « chacun » et non « *chaquun* ». Un dessin rapide se nomme un croquis. On ne dit pas : « l'image semblable de quelqu'un », mais : « c'est l'image exacte ». Il faut avoir (tu l'avais oublié) l'occasion de parler. J'essaierai de (pas "*à*") traduire une leçon. On ne dit pas : « je ne voudrais pas voir ton image en le lisant » mais : « je ne voudrais pas voir ton visage… ». On dit : « les terminaisons des verbes me donnent de la peine » et non « *me font peine* ». Le futur du verbe "être" est « sera » et non « *soit* » et, chaque fois qu'on parle d'une action future, il faut employer le futur : « j'espère qu'il me redonnera mon bonheur ».
Ainsi, j'ai corrigé, non pas les fautes essentielles de ta lettre, mais toutes les fautes, et tu vois que, pour une longue lettre de 2 pages, elles ne sont pas si nombreuses que cela. Écris-moi très souvent en français. Sans trop chercher, écris comme tu parlerais et je corrigerai tes fautes.
Si tu es quelque temps sans recevoir de lettres, ne t'inquiète pas : Mademoiselle Gronner a, elle aussi, quelques jours de vacances qu'elle vient passer en France.
Je t'écris chaque semaine ; aussi, ce que tu ne reçois pas un jour, tu le reçois l'autre.
Gerda chérie, il faut que je me hâte, car je dois commencer mon cours. Fais tous tes efforts pour apprendre encore mieux le français : tu verras, un jour viendra où tu le connaîtras parfaitement, et cela ira d'ailleurs très vite lorsque tu seras avec moi. Je n'ai jamais dit que je préparais un examen en 4 langues : il n'y en a heureusement que 2 : l'allemand comme langue principale et l'anglais comme langue secondaire.

Gerdalein, j'espère que ton examen à toi se passera bien ; si tu as besoin de renseignements que je puisse te donner, je te les ferai connaître, demande toujours.
Dans ma prochaine lettre, je t'enverrai des notes sur Romain Rolland.
Je t'écrirai pendant mes vacances et je te dirai comment elles se passent.
Si tu vois tes parents de Berlin, donne-leur le bonjour pour moi, ainsi qu'à Stramm et à *Hermannchen*[66]. Rassure *Herr* Stramm[67], et dis-lui que seule l'interdiction de correspondre m'a empêché de lui écrire.
Salue bien *Oma* si tu la vois, car c'est une excellente femme. Que fait Ruth ?
Au revoir *Gerdalein.*
Tout le meilleur de moi-même va vers toi.
Et le croquis de Joachim quand le recevrai-je ?
Tu sais que je mets tous mes espoirs dans la conférence de la Paix qui s'ouvre bientôt. Puisse le monde sentir encore en lui quelques sentiments de bonté !
Mille baisers à toi, Gerda mienne.

André

16. *Samedi 13, dimanche 14 avril 1946*

Gerdalein,
Enfin, ta lettre du 6 et du 7 mars est là. Il y avait quinze jours que j'étais sans nouvelles, et je commençais à m'alarmer ! Je te réponds immédiatement, parce que j'ai un tout petit instant (malgré les 87 devoirs qui m'attendent encore pour être corrigés : à raison d'un quart d'heure par devoir, cela fait un certain nombre d'heures), mais surtout parce qu'il faut que nous mettions ensemble au point un certain nombre de détails.
Jusqu'ici, nous nous sommes souvent embarqués à la légère : la leçon doit nous servir. Et voici ce que je pense. Nous devons en ce moment tout tenter, chacun de notre côté, pour obtenir la permission et les papiers nécessaires pour aller l'un vers l'autre.
Il faut penser que, lorsque tu seras en France, tu auras, pendant la courte période nécessaire à la publication de nos papiers de mariage, une

---

66 Hermannchen : diminutif affectueux du prénom Hermann.
67 Herr Stramm : Monsieur Stramm.

situation un peu délicate. Il faut aussi penser que, quoi qu'on fasse, il se trouve partout des gens méchants qui ne songent qu'à nuire aux autres. Donc, il est nécessaire que tu rassembles, avant de venir, tous les papiers d'état civil : acte de naissance, carte d'identité, etc. Il serait bon aussi que tu te munisses d'attestations prouvant que tu es antinazie, membre d'un groupe antifasciste. Aussi les papiers qui témoignent que tu fais partie de l'enseignement nouveau en Allemagne. Enfin, tous les papiers qui, peu ou beaucoup, te sembleront utiles, même ceux qui te sembleront insignifiants. Il vaut mieux en avoir trop que pas assez.
Moi, de mon côté, je continue d'être en relation très amicale avec quelques-uns de nos bons camarades qui pourraient, en cas d'ennuis, nous donner un excellent témoignage. Ceci pour un point !
Deuxièmement, passe là-bas tes examens comme si de rien n'était, n'avertis pas officiellement tes chefs. Tout cela n'est pas inutile. Au contraire, essaie de t'intéresser le plus possible à la vie active dans le mouvement nouveau. Il n'y a jamais de petites choses inutiles.
Enfin, à mon avis, le mieux serait de tout préparer et de ne rien tenter avant les grandes vacances qui nous laisseront, à l'un et à l'autre, toute liberté d'agir. Il faut que tout soit prêt afin que nous ne perdions point de temps en démarches tardives. Je serai libre du 15 juillet au 1er octobre : deux mois et demi. Et toi ? Je crois que nos vacances d'été coïncident à peu près, c'est à ce moment-là que, absolument libres de nous-mêmes et de notre temps, munis de tous les papiers nécessaires, nous essaierions d'agir rapidement et de réussir.
Tu me répondras à tout cela et tu me diras ce que tu en penses. Peut-être aussi que la conférence de la Paix aura avancé ses travaux et que beaucoup de choses seront simplifiées.
Je sais, il y a encore 3 mois et demi ou 4 mois, et c'est bien long, mais nous sommes sûrs l'un de l'autre, et nous saurons attendre si, ainsi, nous avons plus de chance de réussir.
Tu vois, *Gerdalein*, je suis devenu bien prudent, mais je t'ai attiré si souvent des ennuis qu'il faut bien que, maintenant, je sois plus avisé. Pourtant, Gerda chérie, je serais heureux de savoir ce que tu penses de tout cela !
Je te quitte pour maintenant, car je pars à la Ramigère (j'y vais me ravitailler, car la vie en ville est encore très dure ici et bien des produits me sont fournis par mes parents).
J'oubliais : j'espère que tu étudies le français autant que tu le peux. Tu sais que, chaque jour, je fais un peu d'allemand !
À demain *Gerdalein*, j'embrasse tes lèvres.

Dimanche.
Retour de la Ramigère. Tous les malheurs. Panne de bicyclette (*das Ventil kaput* [68]). J'ai déchiré mon pantalon dans la pédale et, sur huit œufs que j'emportais, j'en ai cassé quatre. À part cela, tout va très bien. J'ai dû relaver mon linge que les jaunes d'œufs avaient coloré. Tu vois qu'il faut absolument que tu viennes me corriger un peu et m'aider !
Le printemps est maintenant tout à fait là. Il fait presque trop chaud ! Il est trop tôt encore : j'ai peur que des gelées tardives ne viennent nous rappeler que nous ne sommes pas encore en été.
Mes parents travaillent aux champs. Les vignes sont prêtes à laisser pousser leurs bourgeons. Les blés sont déjà hauts et promettent, les arbres sont en fleurs, et c'est un mélange de blanc et de rose qui fait naître des espoirs fous.
Je me suis donné une large marge, mais je veux avoir une certitude : il faut qu'en août nous soyons ensemble, et en septembre, juste avant que l'école ne recommence (car chez nous elle commence toujours le premier lundi d'octobre). Nous fêterons ton anniversaire avec une joie toute nouvelle. Oh ! Gerda, quel bonheur ce sera d'embrasser tes yeux et de voler à ta bouche le gâteau qu'elle mangera.
En attendant, il faudra que je passe seul mon anniversaire. Ce ne sera pas gai sans doute… Ici on marque assez peu ces fêtes-là ! Maman fera un gâteau, ce sera tout.
Et je penserai qu'il y a deux ans, nous avons eu l'une des plus belles journées de notre amour ! Mais je ne serai pas triste, car je saurai que ta pensée est avec moi, que tu m'attends comme je t'attends, et que tu m'aimes comme je t'aime… Je saurai aussi que le jour de notre rencontre s'approche.
Le jour se meurt doucement, il fait merveilleusement doux et les premières hirondelles font leur nid. C'était l'époque de nos premières sorties à Tiefensee, c'était l'époque où les congés de Pâques commençaient à nous mettre la joie au cœur. C'était aussi, l'an passé, l'époque incertaine où nous commencions à nous inquiéter, sans savoir si nous devions nous réjouir ou nous alarmer. Grands bombardements, nuits sans sommeil, les descentes rapides à la cave… Mais tu étais là, et après l'angoisse, il y avait la joie immense de tes deux bras autour de moi, de ton corps chaud, de tes lèvres, la joie parfaite de notre communion d'esprit et de notre amour. La vie valait d'être vécue,

---

68 *Das Ventil kaput* : la valve cassée.

malgré ses cruautés, car si les angoisses étaient pénibles, les joies étaient immenses. Mais bientôt nous nous retrouverons en notre amour.

André

17. *Vendredi 19, dimanche 28 avril 1946*

19 avril

Gerda chérie,

Enfin, notre grand vœu va se réaliser ! Je reçois de Berlin des instructions qui me permettront de demander ton rapatriement. Gerda, bientôt nous serons ensemble ! Je te demande d'attendre encore un peu, jusqu'au début des grandes vacances, qui pour moi commencent au 14 juillet. Ainsi, je pourrais mieux m'occuper d'aller te chercher…

Dès demain, j'écris à Berlin. J'espère que les formalités ne seront pas trop longues et que tout ira pour le mieux. Déjà, au 1er juin, cessent les hostilités, c'est-à-dire que nous ne serons plus en guerre, ce qui évidemment simplifie les choses. Excuse-moi d'écrire si mal, ma chérie, mais j'ai ma plume de vacances ! Pourtant, il fallait que je t'écrive bien vite, car l'évènement est important et heureux, n'est-ce pas ?

Gerdalein, bientôt une vie nouvelle va commencer pour nous. Elle aura encore ses peines, ses moments d'angoisse, ses souffrances, mais nous serons tous deux, nous serons jeunes, solides et courageux ! Si nous avons à lutter avec la vie, nous saurons lutter ensemble, lutter et vaincre ! … Gerda chérie, je t'écrivais un jour : « Je voudrais que pour toi, tout soit joie et lumière » ; j'ai bien peur, hélas, de ne pouvoir te donner tout cela, mais j'essaierai de faire que notre vie soit douce et heureuse. Il y aura encore bien des haines à apaiser, bien des rancunes à vaincre, bien des heures pénibles à vivre, mais nous puiserons dans notre amour assez de force pour vaincre, assez de joie pour être heureux quand même. Chérie, tu vas venir vers moi : cette idée brille en moi et me rend heureux. À demain, *Gerdalein.*

La pluie, la grêle, jour noir. Je devrais être heureux et j'ai le cafard. Pourquoi ? Si tu étais là, tu passerais ta main dans mes cheveux et tout ce noir s'en irait…

Ma lettre est restée quelques jours sans partir, parce que j'étais à la maison et que je n'avais pas l'adresse d'Olga Gronner. J'ai travaillé dur aux champs et j'étais heureux ; j'aime ce travail qui harasse, qui brise, qui donne bon appétit et bon sommeil. On est bien, on est libre. Parfois, je pense que tu es près de moi : toi aussi tu aimerais cela. En ce moment

n'est-ce pas une merveille : tout pousse, tout est vert. Les pois sont hauts et en fleurs, les fèves sont formées, les pommes de terre promettent beaucoup, on mange des asperges et on se réjouit en voyant les fraises et les cerises qui se forment. Tout est promesse… À nous aussi, on a fait une promesse puisque nous devons nous retrouver !
Ce dimanche, j'ai eu une surprise. Après avoir écouté le culte protestant à Mortagne, j'ai vu un détachement de prisonniers allemands venir vers le temple. L'un d'eux se détacha, qui, en français, demanda à notre pasteur s'il pouvait utiliser le temple pour dire l'office à ses camarades allemands. Il était accompagné d'un Suisse qui contrôle l'organisation des camps au nom de la Croix-Rouge. Naturellement la permission fut accordée. La plupart des gens, curieux, restèrent bien qu'ils ne comprissent rien. J'étais parmi eux et j'écoutai. La cérémonie se déroule simplement, telle que je l'ai vue à Bad Freienwalde, telle que se déroulent les nôtres. Naturellement le texte du sermon portait sur Pâques. Le pasteur compara les temps passés au Vendredi saint : dans l'un comme dans l'autre cas, il semble que triomphent les forces du mal. Tout est noir, tout est sombre, Christ a été crucifié, les puissances mauvaises sont victorieuses. Puis, tout à coup, Christ ressuscite, et c'est Pâques ; de même, le monde va ressusciter et ce sera une ère de paix, de joie et de liberté. En somme, s'il n'y avait eu que cela, le sermon aurait été assez banal. Mais où, à mon avis, il devint fort intéressant, c'est lorsqu'il exprima les idées suivantes : lorsque Marie et Marie-Madeleine vont au tombeau du Christ et le trouvent vide, elles croient qu'on a enlevé le corps, elles pleurent et se lamentent, et elles pensent que c'est encore un surcroît de misère… Et pourtant, Christ est ressuscité ! . Il en est de même pour nous : la guerre est finie, mais les hommes souffrent partout et il nous semble que tout va encore plus mal qu'avant ! Pourtant, la lumière est déjà faite, mais nous ne la voyons pas encore, nous ne savons pas la voir… Bientôt, elle nous éblouira ! … Voilà ce que disait le pasteur, et j'étais heureux de comprendre, et les gens me demandaient ce que disait l'homme. Pour la première fois, j'ai senti réellement que la haine faisait place à la bienveillance ; tu ne saurais croire combien j'étais heureux !
Car il y a eu, au début, ici, de grandes haines. Ceux qui avaient souffert les tortures des camps de concentration, les familles de ceux qui y étaient morts, ne savaient pas pardonner, parce qu'ils croyaient que tout le peuple était responsable. Peu à peu, cette idée disparaît ; peu à peu, on commence à comprendre qu'il y a eu d'abominables criminels et que la masse des petites gens est innocente. J'ai travaillé à cela autant que

j'ai pu, j'y travaille encore et je me réjouis de voir que peu à peu les gens comprennent...
Gerdachen, je suis sûr qu'un jour viendra où tous les hommes de bonne volonté se tendront la main... Et cela aussi ce sera une œuvre d'amour.
28 avril.
Hier j'ai eu 30 ans. Je n'ai pas voulu rester à la maison, j'avais trop mal. Le matin, mes parents m'ont fait fête, puis je suis parti. Je suis venu ici, dans ma pauvre petite chambre. J'y suis seul aujourd'hui et c'est dimanche. J'ai commencé à préparer mon travail pour le dernier trimestre, le trimestre le plus dur, celui des examens ! J'ai lu, j'ai dormi aussi ; je me trouve bien tout seul ! Parfois des gens viennent me voir ou me demandent d'aller chez eux... Gillette, Huguette, des parents. J'y vais parce que ce sont toutes de très gentilles personnes, mais je n'éprouve pas une vraie joie. C'est ici que je suis le mieux, ici et à la maison auprès de mes parents, dans les champs aussi. Les autres m'empêchent d'être tout près de toi. Ici, ou aux champs, il n'y a plus rien entre toi et moi, aucun être, aucun visage... Nous sommes ensemble et c'est pourquoi je me sens bien.
C'est le deuxième anniversaire que je passe loin de toi. Mais l'autre avait été suivi d'une belle joie. Celui-ci aussi et la joie sera durable. Voici ce qu'on m'écrit de Berlin, lettre datée du 13 avril et écrite par l'officier chargé du service social (district de Wedding) :
« *Nous recevons une lettre de Mademoiselle Gerda Matting à Dannenberg, Kreis Oberbarnim, nous disant qu'elle est fiancée avec vous, que vous êtes d'accord avec elle et que vous êtes disposé à l'épouser. Si la chose est exacte, veuillez écrire directement à M. l'officier chargé des questions matrimoniales, Section française des rapatriements, 96 Kurfürstendamm Berlin- Halensee. Vous joindrez dans ce cas à votre lettre confirmant votre volonté de régulariser votre situation avec Mademoiselle Matting, une fiche indiquant exactement votre état civil complet. Le service de rapatriement se chargera alors de régulariser votre situation et de donner, après enquête, à Mademoiselle Matting les moyens d'entrer en France et de vous rejoindre* ».
J'écris donc à cet officier ; de ton côté, il serait bon que tu te mettes en relation avec lui. Fais état de tout ce qui peut t'aider (renvoi de ton emploi par le régime national-socialiste, interrogation par la Gestapo, aide aux Français, etc.), que je signale également dans ma lettre. J'ai bon espoir. Je crois que tout ira bien. Il s'agit de tout mettre en œuvre

de telle sorte que dès le début des grandes vacances tu puisses venir (fin juillet).
Nous nous marierons aussitôt et nous aurons encore beaucoup de temps pour nous chercher un logement, le meubler, etc. de façon que tout soit prêt pour la rentrée des classes qui se fait le 1er octobre. Ainsi, fais de ton mieux là-bas, comme moi je ferai de mon mieux aussi. Deux ou trois mois encore, Gerda, et nous serons ensemble ! Ce sera l'été… Sais-tu qu'il te faudra faire les vendanges sans doute cette année, et tu pourras manger autant de raisin que tu voudras ! Mais n'anticipons pas. Il nous reste peut-être encore bien des démarches à faire. Mais quand on a confiance, tout devient plus simple. Gerda chérie, bientôt, je t'embrasserai vraiment, bientôt tu seras là et nous serons heureux !

André

18. *Mardi 30 avril 1946*

Saintes le 30 avril

Gerda chérie,
Quelle fut ma joie de recevoir une lettre de Monsieur l'officier chargé du service social de Berlin me donnant toutes indications pour essayer d'obtenir ton rapatriement ; cette joie fut d'autant plus grande qu'il m'autorisait à t'écrire sous son couvert. Ainsi, je te retrouve et bientôt nous serons ensemble : ce ne sera, je crois, qu'une juste récompense des années d'inquiétudes et des mois d'angoisses que nous avons vécus ; récompense aussi peut-être du combat que nous avons toujours mené et qu'il est nécessaire de continuer à mener ! Gerda, ma joie est grande : nous allons pouvoir vivre heureux et tranquilles, libres.
J'ai ici un travail intéressant qui, s'il n'est pas merveilleusement payé, (tous les budgets sont pauvres), permet au moins de faire de bonnes choses. Enfin, tu le connais puisque tu as presque le même ! Sais-tu que j'enseigne l'allemand ? Tu dois rire sans doute, car je commettais encore bien des fautes de grammaire ; mais, avec un peu de travail, de bonne volonté et d'indulgence je fais encore un professeur acceptable. Continues-tu de travailler ton français ? Il était déjà fort bon et, avec un peu d'entraînement, tu arriveras à parler plus correctement que nos paysans !
À propos de paysans, j'ai reçu tout récemment des nouvelles de cet excellent Élie Aubourg (je pense que tu te souviens de lui). Il est marié depuis plusieurs mois et qui bientôt sera papa. J'avais aussi une lettre de Gustave, marié aussi, mais qui ne dit rien de ses espérances en fait

de progéniture. Henri a repris sa place dans les chemins de fer comme surveillant principal. Jacquier (Fernand) est dans l'armée. À nouveau, nous sommes tous dispersés, mais chacun conserve le souvenir des autres et leur écrit. Seul Moulin est muet.
Et toi, *Gerdalein*, comment va ton école ? Je t'imagine au milieu de tous tes bambins : c'est du travail sans doute, et de la fatigue, mais c'est aussi de la joie et les jours passent plus vite !
Samedi passé, j'avais donc 30 ans. C'est le deuxième anniversaire que je passe sans toi et c'est une bien triste chose, mais te souvient-il que notre première rencontre avait eu lieu peu de temps après mon anniversaire ? De même celui-ci ne précédera que de peu l'immense joie de nous retrouver. Gerda chérie, le jour est proche, je l'espère ; j'ai le ferme espoir que, cette fois-ci, notre union ne sera plus troublée par les séparations. Lorsque tu seras ici, il restera encore beaucoup à faire et, tout d'abord, ton français à mettre au point ; mais cela viendra vite, car rares sont les fautes que tu commets encore.
Et puis il y aura notre « ménage » à monter ! Alors là ! Car bien des choses manquent encore ici. Ces périodes d'après-guerre sont bien pénibles ! Mais je sais que tu es forte et intelligente et j'ai bon espoir. Et puis nous vivrons notre amour et cela fait oublier bien des choses. C'est une force, une aide, une joie. Pendant les vacances nous irons aider mes parents et eux nous aideront aussi. Maman déjà se réjouit de te connaître, car je lui ai bien souvent parlé de toi et de ce que nous faisions ensemble, de nos aventures, de nos angoisses, de toute notre vie durant les années passées.
Gerda chérie, des jours de bonheur approchent. La guerre est terminée, l'oppression s'est évanouie. Si tout n'est pas encore très rose, c'est qu'on ne peut, du jour au lendemain, passer de la misère à l'opulence. Tant de choses ont été détruites, qu'il faut reconstruire, tant de maisons, de villes, d'usines ; tant de champs sont encore incultes, tant de familles désorganisées. Peu à peu nous reviendrons à la vie normale et notre bonheur s'en fortifiera. L'essentiel n'est-il pas que nous soyons ensemble ? L'un près de l'autre, pour nous aider, comme nous nous sommes aidés, pour nous soutenir comme pendant 3 ans nous nous sommes soutenus. C'était toi qui m'aidais alors, toi qui souvent me permettais de manger à ma faim, de ne pas être trop malheureux. Peut-être, maintenant, est-ce moi qui pourrai faire davantage et t'aimer en t'aidant

Gerda, notre bonheur va renaître, c'est bon de penser cela, ça rend fort, ça rend heureux et il semble que la vie n'ait plus rien qui nous puisse briser.
Je pense à toi, ma chérie, de toutes les forces de mon être, de tout mon amour.

André

19. *Jeudi 2 mai 1946*

Jeudi 2

Gerda chérie,
Journée chargée ! Dès six heures j'étais debout, nettoyage, toilette, corrections de devoirs, déjeuner, et à huit heures je donnais une leçon particulière. Le reste de la matinée fut consacré à mon travail de préparation. Alors, je dus préparer mon déjeuner (*Blumenkohl, Wurst und Käse ; Wein, natürlich*[69]). À quatorze heures j'arbitrai un match de football ; cela nous poussa jusqu'à dix-huit heures. Alors, j'allais à l'hôpital visiter une tante qui fut opérée hier. Elle va aussi bien qu'il se peut mais est encore bien faible. Elle était passée chez mes parents avant de venir se faire opérer et m'a appris que mon père était aussi un peu malade.
J'ai toujours un peu peur lorsqu'il s'agit de papa, car il est atteint de colibacillose ; mais, étant d'une nature excessivement forte et vigoureuse, il ne prend aucune précaution. Mais je veux espérer que tout ira bien.
Cette tante, dont je viens de te parler, est une femme admirable, la bonté même ; elle a hâte de te connaître et toujours m'a soutenu lorsque certains trouvaient bizarre que je veuille épouser une étrangère. Viens vite vers moi, *Gerdalein*, nous irons ensemble chez elle et tu verras quel accueil elle te fera !
Gerda chérie, je t'expliquais, dans ma dernière lettre, que j'avais reçu des lettres de Berlin et qu'aussitôt j'avais répondu afin de demander ton rapatriement. Il serait bon que, toi aussi, tu te tiennes en liaison avec ces officiers. Je te renouvelle les adresses :
1/ Monsieur l'officier chargé du Service social, Berlin Wedding ;
2/ Monsieur l'officier chargé des questions matrimoniales, Section des rapatriements, 96 Kurfürstendamm, Berlin Halensee.

---

69 Chou-fleur, saucisse et fromage; du vin, bien sûr.

J'ai écrit aux deux. Au premier pour le remercier des renseignements qu'il me donnait ; au second pour demander ton rapatriement.
Aux deux, j'ai exposé brièvement les faits. Comment nous nous sommes connus en 1942. Ton désir de justice qui te faisait aller à l'encontre du nazisme, les ennuis créés par la Gestapo, ton aide pour les Français et ta camaraderie envers eux (j'ai signalé que je tiens à leur disposition des attestations des camarades qui t'ont connue et qui t'estiment). Enfin, l'autorisation donnée par les Russes de partir ensemble, et le refus des Américains.
Il est possible, vraisemblable même, qu'on se livre à une petite enquête sur ton compte afin que tout se passe régulièrement, mais j'ai malgré tout bon espoir de t'avoir bientôt auprès de moi !
Je leur ai demandé également de te faciliter l'obtention des papiers nécessaires pour notre mariage ; essaie donc d'en obtenir le plus possible, même ceux qui te sembleraient inutiles ! Il ne faut pas que, toi ici, nous attendions, pour nous marier, pendant des mois et des mois, des papiers qui ne viendraient pas !
Tu vas penser que voilà une lettre bien sérieuse et qui ne me ressemble guère. Mais je sais être très sérieux…
Le temps coule, la nuit s'avance, voici minuit. Avant de commencer ma lettre, j'ai fait une étude de quelques poèmes que je dois demain présenter à mes élèves. Lamartine : connais-tu ce nom ? Bientôt nous lirons cela ensemble. Te souviens-tu de Musset et des « Nuits » ?
Cela me rappelle que je t'avais envoyé quelques notes sur nos méthodes pédagogiques, les as-tu reçues ?
Plus les jours passent, et plus je pense qu'il n'existe aucun système qui permette de bien enseigner : il faut puiser dans tous.
La voie sur laquelle nous sommes engagés est sans doute excellente : faire appel à l'intelligence de l'enfant, à son expérience propre ; mais il faut qu'il sente quand même que l'effort est nécessaire et que seul l'effort est productif. Si nous lui donnons l'impression que, sans peine, par le simple jeu de ses facultés, il peut apprendre, nous faisons fausse route.
Non, l'effort seul compte. Non pas un effort violent, pénible, qui s'accompagne de douleur et de rictus, mais un effort librement consenti, qui ne ressemble pas à un sacrifice certes, mais à un don de soi, un effort qui s'accompagne d'une certaine joie. Non pas la joie qui consiste à faire tout ce que l'on veut et rien que ce que l'on veut, mais la joie qui naît d'une série de petites victoires sur soi-même. En somme, il faut arriver à ce résultat que les enfants travaillent et qu'ils aiment leur

travail, que ce ne soit pas pour eux une corvée, mais le moyen de s'élever, de se perfectionner.
Il y a une chose qui paraît très simple, et qui, en réalité, est assez difficile à obtenir : c'est que les élèves comprennent qu'ils travaillent pour eux, dans leur intérêt, et non pas parce qu'on leur impose ce travail. Le jour où ils ont compris cela, la partie est gagnée.
Il fait chaud ce soir : premières grandes chaleurs de mai.
Je suis las d'avoir tant couru. C'est à peine si j'avais le courage de faire ma cuisine ce soir… Bientôt ce sera ton rôle ! Mais j'y mettrai mon nez et tu grogneras très fort.
Te souviens-tu de nos dimanches d'Ahrensfelde ? Ma batterie de cuisine n'est pas beaucoup plus importante ! Si pourtant ! … Enfin nous pourrons toujours l'augmenter.
Gerdalein, ce sera merveilleux de t'avoir là. Tu sais que j'aurai encore beaucoup de travail, sans doute : il ne faudra pas m'en vouloir ! Il est vrai que tu m'aideras. Je ne sais pas si l'année prochaine je serai encore ici et si je ferai l'allemand, mais si cela est : à toi toutes les corrections et les préparations de leçons !
Notre vie sera très diverse : aimeras-tu cela ? Nous serons à la ville et aux champs, tantôt ici et tantôt à la Ramigère, nous corrigerons les devoirs et nous bêcherons les sillons.
Quel programme, quelle joie aussi. C'est ainsi que je vis déjà, mais il me manque quelqu'un : tu sais qui ?
Il me manque ce qui pousse et qui entraîne, le but à atteindre, le « pourquoi » de ce que l'on fait…
Et tout cela tu me l'apporteras, Gerda chérie.

André

20. *Dimanche 5, mercredi 8 mai 1946*

Saintes, dimanche 5-5-46

Gerdalein,
Il a plu. Les kilomètres m'ont lassé.
Mes parents sont un peu souffrants. Mon père a fait un peu de colibacillose et maman est très enrhumée. Il est tard. Je suis las. Tous ces jours passés, j'étais plein d'espoir ; cela tombe tout doucement : il faut attendre. Je ne veux point dire que je désespère, non, mais l'enthousiasme a disparu, je comprends mieux qu'il reste encore deux ou trois mois à attendre.

Gerda chérie, penses-tu, toi aussi, à ce jour où nous nous retrouverons ? Que de projets j'ai en tête, que de désirs. Pourtant, j'aurai encore bien du travail l'an prochain et tu grogneras sans doute... Mais j'ai du travail pour toi aussi : il faut absolument que le plus vite possible, c'est-à-dire d'ici un an ou deux, tu puisses passer un examen en français. Ce ne sera pas tellement difficile. En langue et mathématiques, tu seras « à la hauteur », seul le français sera à travailler. Tu seras mon élève, veux-tu, et merveilleuse élève. Si tu travailles bien, tu auras beaucoup de baisers... *Gerdalein,* nous serons heureux tous deux... , car il faudra attendre encore un peu avant de dire tous trois !

Il y a très longtemps, sais-tu, que je n'ai pas eu de lettres, 8 jours au moins, et cela me manque. Je suis curieux de savoir ce qu'on va me répondre de Berlin, et ce qu'on va te répondre, à toi.

En ce moment je fais réciter à mes élèves des poèmes de Victor Hugo qui ont trait à l'enfance. Il en est de très jolis, je t'en copierai quelques-uns. Nous avons étudié le romantisme, et j'ai dû leur parler des influences étrangères : en particulier Walter Scott et Byron, Goethe et Schiller. J'ai été conduit à parler de ces derniers un peu longuement et je me suis souvenu du temps où je lisais *Götz von Berlichingen*[70]... Ainsi, tu es toujours mêlée à ma vie de chaque jour et je fais chaque chose en pensant à toi. Tu es là en moi, tu es restée proche par tous les détails de notre vie commune et je continue de vivre avec toi. Tiens, un tout petit détail, peut-être as-tu oublié... Souvent je chante « *Hörst du mein heimliches Rufen*[71] » ! ... Longtemps je l'ai chanté avec un mot inexact, jusqu'au moment où, excédée, tu m'as dit « non : *heimliches*[72] ». Et depuis je sais, et maintenant j'y pense toujours en chantant. L'autre jour encore lorsque, écrivant à Berlin, je mettais ton adresse sur l'enveloppe, je pensai au jour où tu me dis « Attention, mets deux points sur le 'u' de *Fraülein*, et sur *über*, parce que cela pourrait se remarquer dans l'adresse ». Depuis, je n'ai pas oublié. Toutes ces petites choses, c'est toi encore.

Gerda chérie, l'an passé, en ce moment, nous n'étions pas encore ensemble. Quels jours atroces j'ai passés. Et puis, un soir comme celui-ci, il y a un an, je t'ai retrouvée et nous avons eu l'une des plus grandes

---

70 Pièce de théâtre de Goethe (1773) ayant pour thème la vie idéalisée du chevalier Goetz von Berlichingen (1480-1562).

71 *Hörst du mein heimliches Rufen* (Entends-tu mon appel secret ?) : Composition pour choeur et piano de Johannes Hunger..

72 *heimlich* : secret

joies de notre vie. Oh ! Je vois l'appartement encore. Je pourrais y aller les yeux fermés, et ce coin où nous avons couché, et l'immense bonheur de te retrouver. Mon Dieu, que cette joie nous soit redonnée !
Mercredi 8.
J'ai fait quelques emplettes : j'ai acheté ce soir quelques livres. L'un est la traduction française des lettres de Wagner à Minna Wagner,[73] pour que tu le lises plus tard !
Je n'ai pas encore reçu de réponse de Berlin, mais il n'y a encore que peu de temps que j'ai écrit. Hier j'avais tes lettres des 4 et 6 avril. *Gerdalein,* tu sais bien que j'ai confiance en toi et je sais que tu es fidèle à notre amour, il ne faut pas donner trop d'importance à un mot. Gerda chérie, nos vies sont liées et je sais que je serai heureux auprès de toi, que j'essaierai toujours de te faire heureuse. Nous avons tant de joies et de peines communes.
Je me suis arrêté d'écrire, et j'ai lu quelques pages d'un livre fort intéressant. Chose amusante, alors que je lisais comment, après 1870, l'impératrice, femme de Napoléon III, put regagner l'Angleterre, j'y retrouvais les mêmes angoisses que nous éprouvions lorsque nous allions nous promener autrefois : la peur aux changements de train, l'attente sur le quai, etc. Ainsi, petits ou grands personnages, les inquiétudes sont toujours les mêmes.
Chérie, je me prends de plus en plus souvent à penser à notre vie future. Tu me demandes des tas de choses dans ta lettre : j'ai revu Jeannette, nous sommes d'excellents camarades, elle est mariée et a un bébé délicieux ; nous ne sommes pas revenus sur le passé et tout est pour le mieux. Quant à Huguette, elle sait exactement ce que je pense, ce que je désire. Elle aussi désire que nous soyons heureux. Je souhaite que vous soyez amies, elle et toi !
Ainsi, tu es toujours très jalouse, *Gerdalein*. Sais-tu que c'est très mal ! Mais je te pardonne volontiers, car on n'est jaloux que de ce qu'on aime… Ainsi, je puis donc croire que tu m'aimes. Tu pourras fouiller dans mes lettres, et lire. Gerda chérie, tu sais bien qu'il n'y a que toi. Les autres, il y en a tant d'autres… Mais toi, tu es la joie de mon âme et la joie de mon corps ; quand je pense à toi, tout rit en moi et se réjouit. Je t'envoie une photo qui a été prise au début des vacances de Pâques. Maman et moi dans les jardins de l'école. J'ai un sourire un peu bête, mais tu m'excuseras, n'est-ce pas !

73 « Lettres de Richard Wagner à Minna Wagner », traduction française de Maurice Remon ; Collection « Les classiques allemands », Gallimard, Paris, 1943.

Tu me dis qu'on t'a répondu à Berlin, mais tu ne me dis pas ce qu'on t'a répondu. J'espère d'ailleurs que, bientôt, on te donnera d'autres nouvelles, lorsqu'on aura reçu ma réponse. S'il se pouvait, mon Dieu, qu'en fin juillet, nous soyons ensemble.
Gerdalein, tu sais que, si tout va bien, j'aurai encore beaucoup de travail l'an prochain ! Parfois j'ai peur de ne pas avoir assez de temps pour bavarder avec toi. Mais nous serons l'un près de l'autre, l'un avec l'autre, et ce sera déjà tant !
Chérie, si tu voyais ma chambre en ce moment, tu rirais bien : un côté est complètement envahi par les casseroles, l'autre par les livres et les cahiers, et je suis au milieu : à peine un peu de place pour mettre mes pieds. Dans un coin, le lit (il n'est pas fait tous les jours). C'est là que je vais aller, car il est minuit encore et ma tête est lourde, lourde (peut-être parce qu'elle est trop pleine de toi).
À bientôt Gerda chérie, ma petite fille aimée.

André

21. *Vendredi 17 mai 1946*

Vendredi 17

Gerdachen,
Il y a bien longtemps que je suis sans nouvelles et je suis un peu triste et inquiet. Je m'étais réjoui en recevant des nouvelles de Berlin, mais il y a trois semaines de cela, et aucune lettre ne m'est parvenue depuis ! Je veux pourtant espérer encore. Oh ! Si je pouvais aller vers toi ! Chaque instant, chaque mot, tout te rappelle à moi. Aujourd'hui encore en parlant avec un de mes élèves nous en vînmes à discuter lunettes et je me rappelai que mes lunettes venaient de Berlin Alex. Tout un monde remue alors dans ma tête : Wriezener Bahnhof [74] , Schlesischer Bahnhof[75], Stadtbahn[76]. Tous les arrêts, je les revois. Mais l'autre sens

74 La gare de Wriezen a été ouverte en 1903 comme terminus de la ligne de chemin de fer de Berlin à Wriezen en Brandebourg. Fermée en décembre 1949.

75 Troisième gare de Berlin, ouverte en 1842, d'abord appelée Gare de Francfort, aujourd'hui Gare de l'Est (Berlin Ostbahnhof).

76 La Stadtbahn de Berlin («ligne municipale de Berlin») est une ligne de chemin de fer de 12 kilomètres qui traverse le centre de Berlin d'est en ouest.

m'est mieux connu encore : Marzahn[77], Ahrensfelde, Blumberg[78]. Des noms m'échappent déjà, pour lesquels je dois faire un effort de mémoire. Werneuchen, où tu perdis un jour tes cartes et ma lettre... Te souviens-tu ? Quelle angoisse !

Mais, vivrais-je cent ans et loin de tous ces coins, je n'oublierais jamais Tiefensee. Tiefensee : les lacs, nos promenades, la tente empruntée et gardée bien longtemps. Journées heureuses soustraites à l'angoisse, bombardements pour une fois vus de loin. Ta peur (parfois) et mon désir de sommeil (j'étais blasé sur les bombardements). Et nos promenades sur le lac, à cheval sur un tronc d'arbre ! Et puis les heures tristes aussi ! Ces départs le lundi matin, douleur de la séparation, tristesse vague, et toute cette longue semaine qui nous séparait. C'est ainsi que je vis, sais-tu, avec mes souvenirs. Souvent aussi je te mêle à mon travail. Ce matin encore je corrigeais des compositions françaises. Il me faut faire double correction, l'une sur la feuille de l'élève, l'autre sur ma feuille à moi, et je pensais que, si tu étais là, je te dicterais, en corrigeant, ce qu'il faut mettre sur ma feuille. Ainsi, nous travaillerions ensemble !

Voici venir le temps où mûrissent cerises et fraises : ne serait-ce pas merveilleux de les cueillir ensemble, de les manger ensemble aussi ! Je me rappelle que tu aimes beaucoup les fruits (et moi aussi). *Gerdalein,* je me souviens encore des cerises délicieuses que tu m'apportais en venant à Tiefensee. Gerda chérie, grâce à toi, je n'ai pas été matériellement trop malheureux, tu fus toujours si merveilleusement prévenante.

Dis, te souviens-tu quand nous cuisions nos gâteaux dans le trou du poêle sur un vieux bout de fer ? Quels gâteaux ! Aujourd'hui encore, je fais toute ma cuisine sur un réchaud électrique, mais il est solide et fort, et souvent je pense à toi.

Figure-toi que, mardi soir dernier, j'ai mangé des conserves vraisemblablement trop vieilles : j'ai été malade comme un chien, un bel empoisonnement et, mercredi, une formidable crise d'urticaire. Au soir, j'avais 39°, nuit très mauvaise. Jeudi matin, tout allait déjà mieux, et jeudi après-midi je pus faire une partie de football !

Te souviens-tu de cette boîte de conserve que j'avais reçue dans un colis et que nous dûmes jeter dans le lac parce qu'elle sentait mauvais ?

---

77 Quartier de Berlin Est.

78 Petite ville limitophe d'Ahrensfelde. Blumberg a été incorporé en 2003 dans la nouvelle municipalité d'Ahrensfelde-Blumberg, qui a été rebaptisée en Ahrensfelde le 1er octobre 2004.

Quelle peine cela nous fit ! *Gerdalein,* comme je suis heureux de revivre ces souvenirs. Mon Dieu faites que nous soyons bientôt ensemble !
Je voudrais bien avoir une lettre bientôt. Tes lettres, c'est presque ta présence déjà.
Comment va ta classe ? Ici nous approchons des examens : gros travail ! Les élèves sont émus : la plupart travaillent, quelques-uns s'en moquent ! Cette génération de guerre n'a pas toujours l'esprit qu'on voudrait qu'elle ait ; malgré tout, les miens sont de braves garçons ! Ils ne sont pas très brillants en allemand, mais peu à peu cela viendra. Ils sont comme beaucoup de ceux qui ont appris dans les livres : excellents en version et nuls en thème et en conversation !
Et toi *Gerdalein,* comment va ton français ? Étudies-tu, Gerda chérie ? J'attends toujours une belle lettre en prose française. As-tu reçu la dernière photo où je suis avec maman ? As-tu des nouvelles de Berlin et des Stramm aussi ? Raconte-moi tout cela.
Si le traité de paix était terminé, j'irais bien vite là-bas. On parle de début novembre, tout cela est bien loin encore. En général, la guerre se déclare plus vite qu'on ne fait la paix ! … D'ici là, j'espère qu'il y aura longtemps que nous serons ensemble *Gerdalein*, *Liebste mein*[79], j'attends chaque jour la lettre qui me dira qu'on te permet de venir.
La Ramigère se couvre de fleurs, roses et œillets. L'an prochain tu verras cela et tes yeux se réjouiront ! Et je serai heureux de te voir heureuse ! Te souviens-tu des pauvres petits bouquets que je t'apportais parfois ? Moi je sais que tu décorais la table d'innombrables petites fleurs et que c'était délicieux et gai de manger ainsi, tout seul avec toi au milieu d'un peu de beauté.
Il est tard encore, après 11 heures, et je songe que c'est l'heure où, parfois, je t'allais chercher à la gare. Je reconnaissais ton pas et c'était chaque fois une minute de joie indicible que celle où je t'entendais venir. Mon Dieu *Gerdachen*, que je serais heureux d'entendre encore ainsi, tout à coup, ton pas dans les escaliers… Gerda chérie, bientôt tu seras là… Que nous importent les gens, l'opinion, la richesse, puisque nous serons heureux tous deux ! Notre bonheur sera à nous, à nous deux, à nous seuls. Les autres, s'ils comprennent, seront heureux avec nous ; s'ils ne comprennent pas et s'ils nous blâment, tant pis puisque nous serons sûrs d'être dans le vrai et dans le bien !

---

79 Ma chérie.

Gerda, notre bonheur vient. Je te sens tout près de moi, plus près que jamais tu n'as été. Le meilleur de notre vie est encore devant nous : nos jours heureux, un bonheur plus complet parce que nous serons tout près l'un de l'autre, et pour toujours. Combien ? Trois mois peut-être, trois mois – c'est peu – et après, des années de bonheur.

André

22. *Lundi 20 mai 1946*

Écris à l'adresse suivante :
A. Lacaze, chez Monsieur Herbert
École Nicolas Lemercier
Saintes, Charente-Maritime

Saintes le 20-5

Gerda chérie,
Dimanche, en allant à Mortagne, j'y trouvai ta lettre du 22-4 transmise par le gouvernement militaire français de « Grand Berlin ». Depuis je suis sans nouvelles et je suis un peu inquiet. Je suis sans nouvelles aussi des bureaux français de Berlin et cette attente m'est pénible comme une souffrance. Je sais bien que tout va très lentement et que je n'ai pas lieu d'être inquiet ; mais, malgré moi, l'impatience est en moi.
Voici qu'arrive le mois des examens : juin, nous avons un peu plus de travail et comme j'ai encore beaucoup d'autres choses à faire, en dehors de mon cours, mes nuits sont courtes ! Nous étudions en ce moment Lamartine, et aujourd'hui, justement, la « Marseillaise de la Paix »[80], qui était une réponse à Becker l'auteur du « Rhin allemand[81] ». En ce temps-là, les gens se disputaient en vers : c'était moins méchant que de nos jours. La poésie de Lamartine est vraiment belle ; il glorifie tour à tour le génie des deux peuples, on y sent une immense bonté. Mais qui est-ce qui ose encore parler de bonté de nos jours ? Cela a un petit air ridicule et niais, il vaut beaucoup mieux parler finances, armée nouvelle et bombe atomique : ainsi on a l'air de s'intéresser au progrès. Les temps sont à la violence et non à l'amour. Et pourtant, nous nous aimons, et notre amour est grand, et grand est notre espoir. *Gerdalein*, les jours passent, ils n'apportent rien de neuf. Sans cesse s'accroît mon désir

---

80 En réponse au poème de Becker, Lamartine s'adresse au Rhin et proclame : « L'égoïsme et la haine ont seuls une patrie ; La fraternité n'en a pas ! ».

81 Ce poème belliqueux, dédié à Lamartine, date de 1841, à l'époque où était remise en question l'attribution de la rive gauche du Rhin. Alfred de Musset a également répondu à Becker : «Nous l'avons eu votre Rhin allemand ... ».

d'aller vers toi, de te retrouver, de transformer en réalité mes rêves quotidiens. Il faisait froid, puis les feuilles ont fait éclater les bourgeons et le printemps est né, et voici que maintenant les premiers fruits paraissent : fruits rouges et délicieux, fraises et cerises, mais ils sont moins rouges et moins délicieux que tes lèvres. Et le soleil rit dans les branches des arbres, mais ses rayons sont plus jolis lorsqu'ils jouent dans tes cheveux. La pluie tombe souvent encore, et quand je l'entends crépiter sur les toits, je pense au bruit qu'elle faisait sur la toile de tente où nous étions tous deux. Souvent, lorsque je reviens ici le dimanche après-midi, en bicyclette, je me prends à penser à la route du lac de Tiefensee. Tu ne saurais croire quelle ressemblance il y a : le long ruban noir de la route, bordée d'un côté par une voie de chemin de fer, et tout aussitôt des bois, parfois de grands champs de blé et de temps à autre un hameau, mêmes images. Hélas, ces paysages sont éloignés de 1500 kilomètres peut-être ! Mais bientôt tu seras ici, tu ne seras pas dépaysée, parfois tu croiras ne pas avoir changé de pays. Peut-être es-tu comme moi : je me trouve partout chez moi, partout à l'aise ! Bientôt tu seras ici. Au début, la langue te gênera encore un peu ; on s'y habitue vite, d'autant plus que tu la comprends parfaitement. Continues-tu à travailler ton français ? Il y a de temps à autre des mots qui échappent, on est gêné parfois pour s'exprimer et puis, même cela, disparaît : quand on entend chaque jour les mêmes mots, on s'y fait vite. Sans doute, y aura-t-il encore d'autres petits ennuis, mais que tout cela a peu d'importance, nous avons vécu et vaincu des difficultés bien plus grandes ; celui qui a été ballotté au gré des évènements des dernières années se laisse peu émouvoir par les petits ennuis d'aujourd'hui. Et puis l'amour est fort. On se retrempe en lui, on y puise tous les courages, et ce qui était pénible devient facile quand on s'aime et qu'on est deux. *Gerdalein,* je n'ai point peur de la vie ; je n'ai qu'un regret, c'est de ne pouvoir t'offrir une vie plus agréable. Notre vie sera sans doute une vie de travail, parfois de dur travail, mais le travail est, lui aussi, source de joie. Quand nous serons tous deux, la tâche sera moins rude. Nous aurons comme salaire des heures merveilleuses… La vie simple est parfois la meilleure, la plus douce. Nous irons, nous ferons notre travail gaiement, nous aurons ce bonheur de ne plus être seul et de nous comprendre pleinement, de communier dans les mêmes pensées, dans les mêmes joies, dans les mêmes espoirs et, lorsque nous pourrons, nous aiderons ceux qui ont besoin d'être aidés. Alors les jours passeront sans tristesse et la vie sera belle… Est-ce trop demander que demander cela ? Et si la haine ou l'envie, la bêtise ou l'ingratitude veut nous blesser,

nous serons deux à parer les coups. Nous essaierons de les ignorer : il n'y a rien qui lasse la méchanceté comme l'indifférence !
Voilà *Gerdalein* mon rêve de chaque jour. Je sais que le jour vient qui le fera réalité. J'attends. L'attente est longue et lourde, mais j'ai tant d'espoir en moi !

André

23. *Mercredi 22, jeudi 23 mai 1946*

Saintes le 22

Gerda chérie,
Les jours passent et je suis toujours sans nouvelles et de plus en plus je m'inquiète. Voici que, maintenant, nous avons les beaux jours : on voudrait espérer, se réjouir. Mais l'inquiétude est là, l'insatisfaction. Je m'endors terriblement ce soir, et pourtant il n'est pas tard encore, onze heures à peine, mais les nuits précédentes ont été très courtes.
J'ai lu ce soir une histoire amusante en allemand, de Grimm : comment on doit choisir une fiancée ? En lui donnant un fromage à couper ! Connais-tu le conte [82]? L'histoire aussi des dix paysans de Bavière qui voulaient tuer un lièvre, mais qui eurent peur et s'enfuirent[83].
Gerda j'ai besoin de tes mots : comment veux-tu que je vive et que je sois heureux si je ne sais pas comment toi, tu vis. Tes lettres, c'est presque ta présence ; elles aident les jours à couler. Mais rien ! Rien ! Le grand silence : on peut en imaginer des choses pendant les heures qui passent.
Gerdalein, je voudrais tellement qu'enfin tu viennes, car voici plus d'un an que je t'ai quittée, plus d'un an que je n'ai embrassé tes yeux ! Les jours sont lourds, chargés de travail ; si tu étais là, tout serait gaîté : nous irions par les bois le dimanche et le soir parfois lorsque nous aurions le temps, et bientôt loin des hommes nous serions heureux et fous comme des enfants… Quelle joie ce serait de t'avoir ici, tout près. Il y a, tout au long de la côte, des rochers où l'on peut courir et se cacher, et vivre des jours entiers loin de toute autre vie humaine : nous irions là tous les deux. De temps à autre un beau spectacle, une belle pièce, un beau film, un peu de sport, souvent du travail aux champs et dans les vignes, et les

---

82 *Die Brautschau* (le choix de l'épouse), conte des frères Grimm (1819).
83 C'est sans doute une variante du conte facétieux allemand « Les sept Souabes », repris sous ce même titre par les frères Grimm (1819).

jours passeraient ainsi, pleins de bonheur ! Mais tu es loin encore, et je ne sais quand tu viendras. Je ne sais quand j'irai vers toi. Pourtant, ce jour est proche : je le sens, j'en suis sûr. Nous nous aimons trop pour être encore longtemps séparés.

Gerdalein, comment va ton travail à l'école ? As-tu plus de loisirs maintenant ? As-tu passé ton examen ? As-tu de plus grandes facilités pour apprendre le français ? Que de questions, n'est-ce pas ? Et combien j'aimerais mieux te les poser de vive voix. Quand nous serons tous les deux, tous deux dans notre petite chambre, plus rien ne nous séparera, la vie sera simple et douce : j'aurai tes cheveux à caresser, ta tête au creux de mon épaule, je n'en demande pas plus à la vie. Mon Dieu, ne peut-elle nous accorder cela ?

23 mai.

Je sors du lit et mes yeux ne sont pas encore grands ouverts. Une jolie chanson d'ici dit : « Je songe à toi quand je m'éveille... ». Tu vois combien elle dit vrai. Les sirènes des usines s'éveillent aussi ; le matin est merveilleux et clair, l'air est frais et le soleil est déjà sur les choses. Les hirondelles chantent, totalement libres ! Tout est joie dans la nature et mon cœur voudrait se réjouir avec elle ! Hélas, tu n'es pas là, comment être pleinement heureux ? Lamartine a dit cette peine, déjà, en un vers merveilleux : « Un seul être vous manque et tout est dépeuplé ».

Autrefois on comprenait que les distances séparent ; elles séparaient réellement, il fallait des jours et des jours, des mois presque pour parcourir les 1500 kilomètres qui nous séparent. Mais maintenant, un peu de chemin de fer, quelques heures d'avion : ce serait si simple. C'est peut-être pourquoi les hommes et leur force méchante renforcent les barrières qui séparent les états !

Mais personne ne peut enfermer les pensées. Les pensées sont libres, les pensées sont aux hommes ou à Dieu seul, et les ministres avec leurs décrets, les rois ou les dictateurs ne peuvent pas en briser l'envol. Romain Rolland raconte comment, un jour, il eut la brusque révélation de cela. Tolstoï avait déjà dit la même chose dans « Guerre et Paix » : je te donne la traduction de Tolstoï, car vraiment elle est belle. Prisonnier des Français et traîné à leur suite dans la retraite de Moscou, Pierre le Russe est assis au crépuscule sur la route de Kalouga, derrière une charrette et « ramenant ses pieds sous lui, la tête baissée, il reste à réfléchir ». Plus d'une heure s'écoule, personne ne pense à lui. « Tout à coup, il partit d'un bruyant éclat de rire, de ce gros rire bon enfant qui le secouait de la tête aux pieds. On se retourna de tous côtés à cette

explosion de gaieté. *Ah ! Ah* ! se disait-il, *on m'a attrapé, on m'a enfermé... Qui ça, moi ? Mon âme immortelle* ? *Ah ! Ah* ! Et il riait aux larmes. Un soldat se leva et s'approcha pour voir ce qui provoquait le rire de ce colosse. La pleine lune était arrivée au zénith. Les bois et les champs se dessinaient alentour, et, au-delà de ces champs et de ces bois inondés de lumière, l'œil se perdait dans les profondeurs d'un horizon sans limites. Pierre plongea son regard dans le firmament nocturne. *Et tout cela est à moi,* pensait-il, *tout cela est en moi, tout cela c'est moi ! ... et c'est cela qu'ils ont pris ! C'est cela qu'ils ont enfermé dans une baraque !* Il sourit et alla se coucher auprès de ses camarades. »
C'est notre amour que les hommes voudraient prendre et enfermer, mais il a des ailes et il n'est point de prison pour lui, et toujours le mien ira vers toi.

André

24. *Mardi 28 mai 1946*

Mardi 28 mai

11 heures : je tombe de sommeil.
Pourtant, il faut que je vienne te dire ma joie. Depuis très longtemps j'étais sans nouvelles : j'étais las, j'étais triste. Aujourd'hui, ta lettre est venue ; une lettre très gentille de Gustave aussi.
Enfin tout va bien mieux, et puis je n'ai plus guère qu'un mois de gros travail, ensuite je serai mieux à toi, plus à toi !
J'ai recommencé à faire du sport : ce soir je suis fatigué mais heureux. J'ai repris contact avec une salle de gymnastique et comme je ne m'étais pas mis en tenue et que j'opérais en pantalons longs, j'ai fait une superbe déchirure à mon pantalon ! Tu parles si mes gamins riaient...
Je suis quand même encore très présentable et pas trop rouillé, mais je suis maigre comme un coucou. Alors, je t'en prie, tâche de conserver la ligne ; sinon je ne paraîtrai plus auprès de toi !
Bonne nuit *Gerdalein*, à demain ma chérie.
Mercredi soir.
Journée éreintante : ces mercredis sont terribles ; fort heureusement, le jeudi suit et nous ne travaillons pas le jeudi.
En ce moment, je fais faire version sur version à mes gosses : ils sont bien faibles en allemand. Les deux dernières versions étaient de Otto

Flake (*Am Rhein*)[84] et de Fontane (*In die Umgebung von Berlin*)[85] ; cette dernière est un petit passage sur le « *Müggelsee* »[86] qui m'a intéressé parce qu'on y parlait des environs de Berlin. L'an prochain ce sera ton travail que de corriger tous ces textes ! (si nous sommes encore ici, ce qui n'est pas absolument sûr).
Ces jours derniers j'ai tenté de nouvelles démarches ici par l'intermédiaire de la préfecture afin de hâter ton retour : je ne sais pas quel résultat cela pourra donner. Deux mois encore et peut-être serons-nous ensemble. Deux mois ! Cela m'aurait semblé si long autrefois et maintenant cela me semble très court, c'est bientôt, c'est tout près. Parfois, comme dans les mois qui ont suivi notre séparation, il me semble que tu vas arriver, que je vais te retrouver en rentrant… Il fait bon songer qu'en effet cela sera bientôt réalité, *Gerdalein*, depuis tant de mois !
Je vais m'occuper immédiatement de ton frère. Ce soir même j'écris à Henri qui habite relativement près de Vitry-le-François. Comme il a beaucoup de facilités pour voyager, peut-être pourra-t-il aller lui-même le voir, ce serait encore la meilleure solution. J'espère pouvoir te donner bientôt de ses nouvelles.
Sans doute, sais-tu que Mademoiselle Gronner a changé de résidence et que cela a apporté un petit retard dans la correspondance. Moi aussi je t'écris chaque semaine « *über Berlin* » : reçois-tu mes lettres ? … Tu me parles rarement des gens d'Ahrensfelde et de Berlin. Comment vont-ils ?
Gustave m'a écrit tout récemment et m'écrit que sa famille ne s'est pas encore accrue mais « qu'il va se mettre sérieusement au travail » ! Il me demande de tes nouvelles et espère, dit-il, que nous irons le voir dès que nous serons réunis. Aubourg (Élie) m'écrit aussi des lettres pleines d'excellente camaraderie.
Dimanche nous allons voter et pendant ces jours qui précèdent il y a un peu d'agitation : le calme n'est pas encore complètement rétabli dans les esprits, des haines apparaissent encore, des vengeances, des rancunes : l'humanité n'est vraiment pas très belle !

---

84 « Sur le Rhin », ce texte de Otto Flake (1880-1963), provient sans doute de « Errinerung an den Rhein », extrait de « Ausfahrt und Einkehr. Erzählungen und Reiseskizzen » (1931).

85 « Dans les environs de Berlin », texte de Théodore Fontane (1819-1898) écrivain prussien qui a célébré dans ses écrits le charme du Brandebourg provincial.

86 Le Müggelsee est le plus grand lac de la région de Berlin. Il est situé dans l'arrondissement de Treptow-Köpenick, au sud-est de la capitale allemande.

Dès que tu auras passé ton examen, tu m'avertiras pour m'en donner le résultat. J'aurai, moi aussi, dans les années qui vont suivre, quelques examens à passer afin d'obtenir d'autres avantages. J'essaierai de passer ce que nous appelons les « licences » d'allemand et, naturellement, je compte sur ton aide ! Cet examen comporte 4 parties (certificats) : version, thème, littérature, études littéraires classiques. J'espère qu'avec toi pour me guider dans les dédales de la grammaire allemande j'arriverai à m'en tirer.
À moins que nous allions dans les colonies, ou peut-être en Alsace, tout cela sera à discuter plus tard !
Demain gros travail : nettoyer ma chambre. Je le fais une fois par semaine, parfois tous les 15 jours. Honteux, n'est-ce pas ? Pense donc qu'il est 10 heures du soir et que mon lit n'est pas encore fait !
Mais je ne t'ai pas dit l'essentiel : dimanche dernier, pour la première fois depuis 8 ans, j'ai repris le volant d'une auto. J'ai encore de grands progrès à faire, mais j'espère bien malgré tout être apte, lorsque tu seras là, à t'emmener faire quelques promenades, si nous pouvons obtenir de l'essence, car elle est encore rare comme l'or ! Et enfin, à partir de la semaine prochaine, je commence mon entraînement de tennis. Hâte-toi de venir, afin que je t'apprenne. Quant à toi, tu perfectionneras ma nage, ainsi, à nous deux, nous deviendrons très forts !
Rêve heureux, *Gerdalein*, et qui, bientôt, sera réalité.
Bonsoir, Gerda chérie, à bientôt.

André

25. *Jeudi 30 mai 1946*

Saintes le 30-5

Gerda chérie,
Je viens de terminer le dixième et dernier volume de *Jean-Christophe,* qui est, tu le sais sans doute, l'œuvre de Romain Rolland. Il y a là-dedans des choses superbes. Pourtant, ce fut écrit en 1912, à la veille d'une guerre qui devait être la dernière.
C'était jour de fête aujourd'hui, l'Ascension, et j'avais un peu moins de travail que de coutume ; c'est pourquoi j'ai pu lire un peu. J'ai lu aussi une histoire bien amusante en allemand ; c'est tiré des « *Kurzweilige*

Zeitverbreiter[87] » et c'est une histoire de *Blindekuhspiel*[88] : comment des étudiants réussirent à payer un bon dîner sans débourser un *pfennig*[89] ! Et bientôt nous allons traduire les aventures du *Herzog Ernst*[90] ! Le travail s'intensifie d'ailleurs pour les élèves, et nous piochons dur, car l'examen s'approche.
Et toi, *Gerdalein*, as-tu passé ton examen ?
J'espère que tu continues à travailler ferme ton français !
Et tes jeunes élèves doivent être joyeux dans ce printemps nouveau.
Il n'est pas merveilleux ici, le printemps : il pleut sans cesse, le ciel est nuageux, on ne peut être gai ; il est vrai qu'on a toujours l'espoir de voir enfin arriver les beaux jours.
Aujourd'hui, les jeunes garçons et les jeunes filles faisaient leur première communion et cette vieille fête religieuse, quoi qu'on en pense, a sa beauté.
Je pensais à la première communion de Ruth : cette joie d'être ensemble, avec toi. Ce déchirement sans cesse renouvelé des départs, le soir ; l'angoisse de la guerre, des bombardements, de la séparation, de la police. Était-on jamais sûr de se revoir ? Et pourtant, il ne se passait guère de dimanche… Mon Dieu, comme on savait oublier toute la guerre et toute la haine !
Vivrai-je cent ans, je crois que le meilleur souvenir de ma vie sera la visite que je te fis à ton école[91]. Nous avions quand même un sacré toupet : il fallait être fou ou amoureux pour tenter cela, et nous étions l'un et l'autre.
Quelle journée merveilleuse : le temps si beau, tes élèves joyeuses et chantantes, l'illusion de liberté que j'avais, et toi enfin, toi !
Il faudra que nous y retournions un jour, lorsque la grande folie des hommes se sera calmée. Peut-être pourrons-nous aller à travers le grand parc… Tant de joie et tant de beauté.
Pourquoi, pourquoi faut-il qu'il y ait des guerres ?

---

87 Recueil non identifié.
88 Colin-maillard.
89 Subdivision du Deutsche Mark.
90 « Herzog Ernst » (Duc Ernst) est une épopée allemande du début du haut Moyen Âge, écrite pour la première fois par un auteur anonyme de la région du Rhin.
91 Gerda était directrice d'une école ménagère hébergée dans un château. Elle eut l'idée d'inviter André pour visiter l'école, en le faisant passer pour un enseignant espagnol. Cependant, un peu plus tard, suite à une dénonciation, elle fut interrogée par la Gestapo et limogée. Elle dut trouver un travail dans une usine, avant d'être réintégrée plus tard comme institutrice au village de Dannenberg.

Demain, si je ne suis pas trop las, je vais reprendre mon entraînement à la course sur 1500 mètres. C'est-à-dire que je dois entraîner mes élèves, mais je ne sais pas si je serai à la hauteur de ma tâche : c'est que me voilà vieux !
Tu ris parce que tu es encore jeune toi, tu verras quand tu auras mon âge !
Te souviens-tu du jour où nous fîmes Bad Freienwalde - Potsdam[92] à pied ? Quel voyage, et pourtant nous étions heureux d'être ensemble. T'en souviens-tu Gerda ?
Lorsque tu seras ici, nous repasserons tous ces faits, et nous serons heureux de nous être tant aimés et de nous aimer davantage encore. Je ne sais pas ce que la vie nous réserve encore, mais nous avons eu notre large part de tourmente ; peut-être la tranquillité, la paix et l'amour nous seront-ils enfin réservés ?
Les jours passent, l'été vient, les vacances…
Est-ce notre bonheur qui vient, ou de nouvelles peines, de nouvelles déceptions, de nouvelles angoisses ?
Je crois dans la joie, j'espère.
Même loin de toi, je suis avec toi, et tu es en moi, et notre amour avec ses peines vaut bien mieux que beaucoup de faux bonheurs, car nous savons que l'un est tout pour l'autre, et que rien, jamais, ne saurait faire changer cela. Bien peu de gens possèdent cela, et nous devons nous réjouir de le posséder, plutôt que nous plaindre et nous montrer insatiables ; nous devons remercier le sort de la belle part qu'il nous a donnée.
Bientôt, sans doute ; nos vies seront à nouveau mêlées, la joie coulera à plein bord…
Alors sachons attendre et être patients.
Bonne nuit, *Gerdalein*, je vais rêver à toi.
Vendredi matin.
Temps gris. Décidément les beaux jours ne veulent pas se décider à venir.
Ces temps sombres me donnent le « spleen ». Je me console en pensant que, si les jours sont mauvais maintenant, plus tard en plein été, lorsque tu seras là, ils seront plus beaux.
Demain, je vais retourner à la Ramigère, car après-demain toute la France vote, et moi je vote encore à Mortagne.

---

92 Soit une distance d'environ 86 km.

Gerdalein, j'attends de tes nouvelles. Je n'ai encore reçu qu'une lettre de toi par l'intermédiaire de Berlin. Lorsque tu m'écriras à nouveau, adresse-moi tes mots à Saintes, École Nicolas Lemercier : ainsi les aurai-je plus vite.
Au revoir, Gerda chérie.
J'espère de toutes mes forces que, bientôt, nous nous retrouverons réellement.
Je t'embrasse et je t'aime.

André

26. *Mardi 4 juin 1946*

Saintes, le 4-6-46
Gerda mienne,
Après avoir reçu une lettre des bureaux français de Berlin (Commandement français, Service des personnes déplacées) m'indiquant de nouvelles démarches à faire, j'ai écrit à la préfecture de la Charente-Maritime. Aujourd'hui, j'avais une réponse – que je renvoie à Berlin – indiquant que les démarches étaient commencées auprès du ministère de l'Intérieur depuis le 12 avril ! Ainsi, tout va son cours, normalement. J'insiste sans cesse, soit d'un côté, soit d'un autre. Fais ainsi, toi aussi, et peut-être arriverons-nous enfin à un résultat !
Après être resté plus de 3 semaines sans lettres de toi, j'en ai reçu 3 en fort peu de temps : deux venant de Mademoiselle Gronner et une, datée du 14-5-1946, écrite en français. Elle semble m'être arrivée à travers la zone américaine ou anglaise, car elle a passé à la censure et sur la bande qui recolle l'enveloppe, on lit les mots : *Civil mails. Opened by…*[93]. Elle m'est parvenue d'ailleurs absolument entière et sans que rien n'ait été raturé. J'étais très heureux, car cette lettre n'a mis que deux semaines pour me parvenir.
Le français de ta lettre est très bon. Voici quelques corrections : on ne dit pas « les vieilles lettres de <u>toi</u> » mais « <u>tes</u> vieilles lettres » ; on dit « le mois <u>de</u> mai » (« de » oublié) ; « tu y penses » (et non « t'y penses ») ; « le temps <u>était</u> si beau » (et non « faisait si beau », par contre, on dit : il <u>fait</u> beau temps) ; Je vois les longues routes et <u>leurs</u> arbres (et non : « les arbres au bord d'elles ») ; et nous quatre qui

93 Lettres civiles. Ouvert par ...

conduisions notre jolie voiture. Fait monter prend « er » (infinitif, 1er groupe) ; j'ai appris (avec un « s » à la fin, car appris fait au féminin apprise et non « apprie »). On ne dit pas « les asperges me goûtent bien » mais : « j'aime les asperges », ou « j'aime le goût des asperges ». Mais, plutôt que de corriger chaque expression, je vais corriger ta lettre et te la renvoyer. Pendant les deux mois qui nous séparent encore écris-moi souvent en français et je corrigerai tes fautes. Aucune des fautes que tu as faites n'est une grosse faute. Ce qu'il faut que tu retiennes, c'est que :

1- Chaque fois qu'un verbe est à la deuxième personne du singulier (tu penses, chantes-tu) il prend toujours un « s » ;

2- Lorsque deux verbes se suivent, si le premier n'est pas un auxiliaire (c'est-à-dire n'est ni « être » ni « avoir »), le deuxième prend « er », exemple : il faut y penser, je peux donner, fait monter ;

3- Nous avons des pronoms personnels (*persönliche Fürwörter*) que nous employons comme vous employez l'accusatif (exemple : « en lisant tes vieilles lettres ») ou le génitif (exemple : « les arbres de leurs bords »).

C'est tout. Je suis très content, je trouve ton français excellent. Il est presque aussi bon que les devoirs de mes élèves : encore un tout petit effort, une toute petite habitude et tout sera excellent !

Ici il semble qu'enfin, après une bien longue période de pluie, l'été veuille enfin venir vers nous. Il est temps. Ces jours passés, le temps était si sombre, si triste, que j'en étais malade. Mais aujourd'hui tout va mieux. Et puis bientôt tu seras là. Oh ! Gerda j'espère, j'espère de toutes mes forces. Comme nous serons heureux ensemble !

J'ai eu, vendredi passé, une journée complète : 5 heures de cours et 2 heures de gymnastique. Après 8 ans, j'ai recommencé à courir sur 800 m. Eh bien, pour un « vieux » de 30 ans, qui depuis 8 ans n'a pas couru, je n'ai pas fait si mal : 800 m en 2 minutes 10 secondes. Un seul élève de 20 ans, qui s'entraîne tous les jours, a terminé en même temps que moi (1 seconde avant moi). Petite satisfaction d'amour-propre qui m'a réjoui.

Le soir je suis allé voir jouer « *Der Graf von Luxemburg* »[94] (Franz Lehár). Journée complète donc, et bien remplie, à qui il ne manquait qu'un peu… d'amour. Mais bientôt, *Gerdalein*, nous vivrons tout cela ensemble.

94 « Le comte de Luxembourg », opérette en 3 actes, créée à Vienne en 1909.

Un peu de chance a voulu que je possède quelques économies ; mais je ne les utilise pas car, lorsque tu seras là, nous achèterons ce qui te semble utile. Pour l'instant, je vis au jour le jour, un peu comme à *Tiefensee* sous la tente… Nous verrons plus tard.
Gerda chérie, je pense à toi et à ton examen : je souhaite de tout cœur que tu sois reçue. Cela peut te servir plus tard : il est possible que, si tu peux par la suite obtenir quelque diplôme français, tu aies le droit d'enseigner l'allemand dans nos écoles. Cela demandera sans doute un peu de travail, mais que ne ferions-nous pas à deux ?
Chérie, je suis plein de joie et de projets. Tout cela s'effondrera peut-être et s'écroulera… Qu'importe, je suis prêt à faire n'importe quoi pourvu que nous soyons ensemble et heureux. N'est-ce pas là l'essentiel ? L'amour n'est-il pas le meilleur de la vie ? Loin de toi, et t'aimant comme je t'aime, ne suis-je pas plus heureux que bien des pauvres bougres qui vivent auprès d'une femme qu'ils n'aiment pas ?
Ah ! *Gerdalein,* l'amour est la lumière de la vie et je t'aime !

André

27. *Jeudi 6, vendredi 7 juin 1946*

Saintes le 6-6-46

Gerda chérie,
La dernière lettre que je reçus de toi, la semaine passée, était datée du 14-5 : elle m'est parvenue, vraisemblablement, à travers la zone américaine ou anglaise, car elle portait : « *Opened by...* ». Naturellement, elle était absolument complète et n'avait point été censurée.
Avant-hier j'ai envoyé aux bureaux français de *Kurfürstendamm*[95] la réponse du préfet à ma demande de rapatriement pour toi. La demande a été transmise à la Sûreté nationale le 12 avril.
Aujourd'hui, les joueurs sont venus essayer le terrain de tennis, mais je n'étais pas là et je n'ai pas pu me rendre compte. Le temps ne veut pas décidément se mettre au beau et l'on ne sent pas encore l'été… Personne ne sait encore quel temps nous aurons pour la Pentecôte (*Pfingsten*). Vacances très courtes : dimanche et lundi seulement, car les examens approchent (25 juin).

---

95 Une des principales avenues de Berlin, s'étendant sur 3,5 km.

J'espère manger des cerises et des fraises. Aujourd'hui, nous avons mangé des artichauts. Sans doute ne connais-tu cela que fort peu encore, mais je suis sûr que tu l'aimeras beaucoup ; moi c'est mon délice !
As-tu passé ton examen ? J'y pense souvent, sais-tu ! Mais je ne veux pas essayer de prévoir le résultat avant de le savoir vraiment.
Je viens de me livrer à des dépenses folles : une raquette de tennis, Trois gros livres très coûteux sur la Révolution française et Napoléon. Mon Dieu, que d'argent nécessaire !
Pourtant, j'ai réussi à faire quelques économies pour que nous puissions acheter ce qui nous sera nécessaire lorsque tu seras ici. Le samedi soir et le dimanche nous essaierons de rouler un peu en voiture. L'essence manque terriblement : c'est une denrée qu'on ne donne que contre des tickets et qui, sans les tickets, vaut des prix fous. Ah ! La guerre n'est pas encore réellement terminée !
Je suis heureux de savoir qu'au moins dans ton petit coin les gens ne sont pas trop malheureux quant à la nourriture. J'ai eu peur si longtemps que tu ne puisses manger à ta faim. Très bien, la solidarité que tu crées dans ta classe ; si, devenus grands, tes gamins pouvaient se souvenir et conserver cette habitude ! C'est à nous, instituteurs et professeurs, qu'incombe le devoir d'éveiller chez les enfants la véritable intelligence, celle qui discerne le bien du mal au lieu d'obéir bêtement à des ordres donnés : il faut à la fois se plier à une discipline et faire sa propre volonté, c'est-à-dire que la discipline doit être telle qu'un homme droit et de bon sens puisse l'accepter sans déchoir.
7-6-46 matin.
Mes yeux sont à peine ouverts. Ma fenêtre, elle, l'est toute grande sur l'air frais du matin. On entend des chants d'oiseaux. Le ciel est un mélange de bleu et de gris clair, mélange mouvant car les nuages sont toujours là malgré juin.
L'an passé, je venais d'arriver ici, mes parents étaient aussi heureux qu'on peut l'être et les voisins venaient me rendre visite… Et moi, je devais cacher sous une apparence de joie la grande peine de t'avoir quittée.
Gerdalein, plus d'un an que nous ne nous sommes vus, parlés, aimés. Un an, c'est long, cela passe vite pourtant… Bientôt, cette grande peine sera oubliée : tu seras ici, auprès de moi, notre joie sera grande, et s'il faut lutter encore, nous serons plus forts.

Aujourd'hui, nous faisons faire à nos élèves un examen d'essai : en allemand ils auront une version assez facile sur les *Zugvögel*[96]. Travail de correction pour toi si tu étais ici. T'ai-je dit que ma chambre se trouve, ici, assez près de la gare et, dans le petit matin, j'entends les trains qui passent et je me prends à penser que l'un d'eux, un jour, nous ramènera ici, tous deux. Quelle joie, mon Dieu ! Que de promenades à faire, de choses à dire ! Je veux croire que ce jour est proche, que bientôt tu seras là. Nous irons nous baigner dans cette molle rivière de Charente, puis dans l'océan. Tu verras combien l'eau salée porte mieux, mais aussi combien les vagues nous inondent ! Tu aimeras, j'en suis sûr, ce goût d'algues et d'iode qui est celui de l'eau de mer. Peut-être aurons-nous un petit canot : quatre planches, deux rames, un bout de voile. Il y aura du soleil, une joie simple et pure, immense comme la mer, immense comme notre amour. Peut-être aussi aurons-nous un bout de filet pour prendre poissons et crevettes.

Il y aura aussi les travaux des champs, le blé qu'on bat, les vignes qu'on attache afin que les fruits ne tombent pas sur le sol… Et toi aussi tu seras mêlée à ces travaux. Tu seras avec moi, avec nous, tu chanteras des chansons que nous t'apprendrons. J'en connais une très belle qui a été composée sur l'air de *Frühlings Ankunft* : « *Alle Vögel sind schon da...*»[97]. Les paroles françaises sont aussi très jolies. Parfois nous irons aussi, tous ensemble, écouter une cérémonie religieuse et tu reconnaîtras parfois, dans nos cantiques, un air que tu connais. La vie sera simple et bonne à vivre, j'attends ce jour-là pour être tout à fait heureux. Maintenant, le travail et les sports remplissent mes journées mais « *es fehlt doch etwas* ! »[98] et c'est toi qui me manques. Toi, notre amour, ta voix claire qui prononce en chantant un peu ces mots français encore un peu étranges, mais qui, bientôt, seront tiens comme ils sont nôtres.

À bientôt, Gerda chérie.

André

28. *Jeudi 13 juin 1946*

Saintes le 13-6-46

---

96 Les oiseaux migrateurs.

97 L'arrivée du printemps : « Tous les oiseaux sont déjà là ... ».

98 Il manque cependant quelque chose.

Deux lettres de toi, l'une transmise par Mademoiselle Gronner, une grande lettre en français, non datée : l'autre venue directement et ayant traversé la zone anglaise ou américaine. Tout d'abord, la correction de français ; cette fois-ci je ne te renvoie pas ta lettre corrigée, car cela ferait trop lourd avec la mienne. *Gerdachen,* je ne voudrais pas que tu penses que si je te demande de travailler ton français, c'est parce que j'ai honte que tu sois allemande, tu ne dois pas croire cela. Non, la raison en est beaucoup plus simple : tu seras en France, tu auras l'occasion d'aller dans les magasins, de parler peut-être avec certains de mes camarades, je ne serai pas toujours avec toi ! Il faudra donc que tu puisses comprendre et répondre : c'est pour cela, uniquement, que je te demande d'améliorer encore tes connaissances en français. Tu seras peut-être appelée, aussi dans un an ou deux, à passer un examen en français, il faut donc que tu saches parfaitement cette langue, tout comme moi je veux sans cesse étudier l'allemand – et je compte sur toi pour cela – afin de mieux le connaître et de mieux le parler. Donc, question réglée !
D'ailleurs, il sera bon aussi que, devant certains imbéciles qui critiquent tout sans savoir, tu puisses t'exprimer parfaitement en notre langue : le savoir en impose même aux plus bêtes et c'est là un moyen de se faire respecter. Je sais bien que tu me comprends Gerda chérie, et que tu ne m'écriras plus de méchantes paroles comme sur ta dernière lettre. Je me souviens encore que, malgré mes faibles connaissances en allemand, je pouvais parfois tenir tête à Buchholz ou à Wolter… à Möller même, et cela m'aida à me défendre et à en défendre d'autres, cela me permit aussi d'exprimer mes idées autant que cela m'était possible. C'est pour cela aussi que j'aurai plaisir à te voir connaître le français. Tu peux déjà beaucoup. Je sais que tu peux plus encore ! Que veux-tu, je serai un peu fier de toi ! Tu veux bien me permettre cela, n'est-ce pas ?
Alors laisse-moi te donner encore quelques petits conseils. On dit « on ne s'intéresse pas <u>aux</u> lettres des amoureux » et non pas « pour les lettres ». De même on dit « on ne s'intéresse guère <u>à</u> notre affaire ». Geste est du genre masculin (un geste poli). <u>Vacances</u> est féminin. Ardemment est un adverbe ; l'adjectif est « <u>ardent</u> » (un désir ardent). Les négations en français comprennent toujours 2 mots : ne … pas, ne … que, etc. : « je <u>ne</u> pense <u>pas</u> qu'elle <u>soit</u> celle que nous menions ici ». Lorsque tu parles de toi, il faut mettre le féminin : ... « je t'avais tout<u>e</u> seul<u>e</u> ». Dans une phrase, quand un verbe est au passé, les autres doivent aussi y être : « je <u>savais</u> qu'il n'y <u>avait</u> rien et personne entre toi et moi ». Ce sont les principales fautes. À côté de celles-ci, il y a

quelques erreurs de temps dans les verbes, quelques fautes d'orthographe aussi : rien de bien grave ! Je m'étonne toujours que tu puisses faire d'aussi longues lettres et aussi correctes ; j'en suis réellement heureux *Gerdalein,* je sens que, dans quelques mois, tu t'exprimeras très correctement !
Il ne faut pas être triste ma chérie. Il faut toujours espérer : la semaine passée, j'ai, de nouveau, écrit à Berlin : j'attends une réponse d'eux. Il faut croire, croire. Mais si, les grandes vacances nous réuniront, notre joie sera grande, tout sera gai et plein de lumière et la vie retrouvera son sens. Il faut croire en cela…
Et même si, une fois encore, nous étions déçus, il faudrait espérer encore. Au cours de l'hiver prochain la conférence de la Paix mettra toutes les choses au point. Au printemps la paix sera définitivement signée et nous aurons le droit – légalement – d'aller l'un vers l'autre. C'est donc un maximum d'un an qu'il nous faudrait encore attendre… Et cela en mettant les choses au pis. Nous sommes capables de cela. Pendant la guerre, des femmes et des hommes ont attendu 4 à 5 ans. Maintenant encore des femmes et des hommes attendent… Nous sommes assez forts pour attendre aussi. Attendre la grande joie qui vient. Mais cette joie nous sera donnée plus tôt encore, j'espère dans les grandes vacances. J'espère ; espère, toi aussi ! Si les gens auxquels nous nous adressons s'endorment, il faut les réveiller, écrire, gentiment, poliment, mais en demandant qu'on s'occupe de nous. Souvent les gens ont besoin qu'on les secoue, qu'on les pousse ; j'essaie de le faire de temps à autre, ne l'oublie pas non plus. La vieille formule est toujours vraie : il faut « conquérir » son bonheur, et cela parfois demande de la peine, un effort. Prenons cette peine, faisons cet effort. Il y a un vieux proverbe de chez nous qui dit « Aide-toi, le ciel t'aidera ». Il faut donc que, d'abord, nous nous aidions nous-mêmes. *Gerdalein*, je sais que tu es forte et volontaire et que la vie ne te fait pas peur… C'est pourquoi j'ai confiance en toi, je sais que, même dans les jours de tristesse, tu attends et tu espères. Un jour viendra où nous serons ensemble, alors notre joie sera plus grande encore d'avoir tant attendu.
Je t'aime et je pense à toi.

André

29.

Jeudi 13 juin 1946

Gerda mienne,

Ma tête est encore toute douloureuse : je suis allé ce soir me faire extraire une racine de dent. L'opération a été assez pénible, mais elle était nécessaire, car la semaine prochaine on doit me poser un « bridge ». Presque aussitôt, les chairs étant encore endormies, je ne sentais rien et je suis allé faire une partie de tennis. Maintenant, la douleur lentement s'éveille et j'ai la tête lourde, lourde !
J'ai reçu une nouvelle lettre de toi, toute recouverte de timbres et que la censure, toute heureuse de lire des mots d'amour, n'avait point tronquée !
As-tu passé ton dernier examen ? J'y pense bien souvent, sais-tu. Dès que tu en sauras les résultats, tu me les communiques vite. Peut-être me les apporteras-tu même de vive voix. Je fais confiance aux bureaux français de Berlin – à qui je viens d'écrire pour fournir de nouveaux renseignements – pour hâter notre rapprochement et j'ai bon espoir qu'au cours de ces vacances nous serons réunis.
En ce moment, j'ai encore un gros effort à fournir, car les examens de nos élèves sont à la fin du mois ; mais, à partir du 20, j'aurai beaucoup moins de travail. C'est alors que je m'occuperai de passer mon permis de conduire, et d'obtenir mon permis de circuler pour ma petite auto. L'essence est encore bien rare en France et elle vaut cher.
Dimanche et lundi, j'ai fait mon premier petit voyage, 80 km environ (l'équivalent de Ahrensfelde-Dannenberg *hin und zurück*)[99]. Tout s'est bien passé, la voiture roule très bien, le moteur est excellent, il ne demande que… de l'essence ! Lorsque tu seras là, nous essaierons de faire de temps à autre une petite sortie vers la mer. Je vis sans cesse avec toi, sais-tu ! Pour tout ce que je fais j'imagine ce que tu penserais, ou bien encore je me dis souvent : je ferai cela quand Gerda sera là. Gerda chérie, tu es loin sans doute, mais tu es tellement mêlée à ma vie quotidienne que, malgré tout, tu es très près de moi… Ainsi, ce matin encore, je faisais chanter à l'une de mes élèves (14 ans, l'âge des filles que tu avais à Wittstock[100]) cet air de marche : *Turner Marschlied : « Rasch stehen wir vom Lagen auf, Jupheidi Jupheida, Eilen fort im schnellen Lauf, Jupheidi Jupheida, u. s. w. »*[101], et je voyais en imagination une photo déjà vue chez Stramm et sur ton album, une longue colonne de filles qui chantent. Je revois ton école de *Burg*

99 Ahrensfelde à Dannenberg, aller et retour.

100 Wittstock/Dosse : ville du Brandebourg, à 125 km au nord-ouest de Berlin.

101 Chanson populaire de marche « Nous nous éloignons rapidement du camp Jupheidi Jupheida, sur une course rapide Jupheidi Jupheida etc. ».

Daber[102], de longues tables qu'entourent des filles joyeuses. J'entends encore le « *Na, schmeckt es* ? » [103] que je dus leur dire… Notre promenade dans le parc, leur chant, le retour en trombe (il était bien tard) et ta réflexion « Tout se passera bien, j'ai vu des petits cochons dans un wagon à la gare ! ». Souvenirs, souvenirs ! Et tout cela parce qu'une gamine a chanté – très bien d'ailleurs – « *Jubelnd ziehen früh wir auf*[104] » !

Nous avons entrepris maintenant une chose bien difficile : la déclinaison des « *Starke Dingwörter* »[105] ; la semaine prochaine : *die schwache Biegung und die gemischte Biegung*[106]. Mais comment sait-on si un mot est faible ou fort ? Voilà la chose difficile ? Pourrais-tu nous éclaircir ce problème ? Tu vois bien que j'ai absolument besoin de toi, et non seulement moi, mais tous mes élèves, je suis sûr que je saurais beaucoup plus de choses lorsque tu seras là.

Mais non *Gerdalein*, tu ne dois pas croire que je te laisserai seule lorsque tu seras là. À part mes quelques heures de cours, 6 ou 5 ou même 4 par jour, je serai avec toi. Le jeudi et le dimanche seront nôtres, les vacances seront nôtres. J'aurai probablement encore beaucoup de travail à faire, mais nous travaillerons côte à côte, et même au travers de notre travail nous sentirons la présence de l'autre et nous serons heureux.

Les camarades ? Tu sais, chacun se crée un foyer et y vit ; de temps à autre on est heureux de se revoir, mais ces rencontres sont rares. D'ailleurs beaucoup de mes meilleurs camarades te connaissent aussi. Gustave et sa femme nous ont invités récemment à aller les voir. Élie Aubourg aussi.

Les vacances ? Sans doute, les passerons-nous auprès de mes parents. Nous travaillerons aux champs. Tu auras des tas de choses à coudre et maman t'aidera un peu, car elle est couturière. De temps à autre nous prendrons la voiture, nous irons manger sur l'herbe au bord de la mer, puis nous irons un peu jouer avec les vagues. L'hiver, pendant les longues soirées, je jouerai un peu du violon et tu apprendras quelques-

102 Le Daberburg, se trouve dans le village d'Alt Daber, au nord de Wittstock.

103 Est-ce que c'est bon ?

104 Le texte exact est : *Wir ziehen mit Jubeln und Singen hinaus, wir ziehen schon früh in die Welt hinaus* (Nous sortons avec des acclamations et en chantant nous sortons tôt dans le monde).

105 Les substantifs forts.

106 La déclinaison faible et la déclinaison mixte.

unes des jolies chansons de chez nous. Ce sera là notre vie, très simple, très douce aussi… en attendant qu'un troisième vienne qui voudra qu'on le berce, qu'on le caresse et qu'on s'occupe beaucoup, beaucoup de lui !

André

30. *Mercredi 19 juin 1946*

Saintes, le 19-6-46

Pour toutes les lettres qui me parviendront après le 14 juillet
il faut donner l'adresse :
André Lacaze
La Ramigère par Mortagne-sur-Gironde, Charente-Maritime.

Gerda mienne,
Mon frugal repas est terminé. Il se fait tard déjà et je suis un peu fatigué : durant ces trois derniers jours, nous avons travaillé dur, mes gosses et moi, car l'examen est proche.
Maintenant, je vais avoir un peu de repos ; à partir d'aujourd'hui mon gros travail est terminé, c'est-à-dire celui que je devais fournir afin que mes élèves progressent. Désormais, je vais davantage travailler pour moi : lectures, études historiques, allemand aussi.
Aujourd'hui avait lieu le baccalauréat qui est le premier examen sérieux que passent, à 18 ans, les élèves qui poursuivent leurs études. Cela dure deux jours : français, anglais (ou allemand, ou espagnol), latin ou sciences, mathématiques.
Il y avait deux versions allemandes.
La première racontait cette anecdote du voyageur qui, arrivé tard dans une auberge, l'hiver, alors que toutes les bonnes places sont prises, fait servir à son cheval de la salade vinaigrée et des œufs et qui prend la bonne place tandis que les voyageurs étonnés vont voir s'il est bien vrai que le cheval mange ce qu'on lui sert.
La seconde était plus difficile : elle était tirée de Lessing (Laokoon)[107] et avait pour titre : « *Das Schreien bei den Griechen und Barbaren* [108] ».
Lessing y montre que les anciens, que ce soit les héros d'Homère ou les

---

107 Laaokon (1766): principal ouvrage de Gotthold Ephraim Lessing, dans lequel il expose ses principes de critique littéraire et d'esthétique.

108 Les cris chez les Grecs et les Barbares.

barbares, criaient lorsqu'ils avaient mal. Notre civilisation nous a appris à souffrir en silence et nous savons nous contenir. Les questions sur cette version étaient assez difficiles :

1/ Une phrase à tourner à la forme passive ;

2/ Expliquer une expression : « *Über unsere Mund und über unsere Augen herrschen*[109] » ;

3/ *Was unterscheidert, nach Lessing, den heutigen Menschen vom früheren Menschen ? Welchen gibt der Schrifsteller Vorliebe ?*[110]*;*

4/ *Erkläre was eine tätige und eine leidende Tapferkeit ist. Gibt Beispiele aus der profanen oder aus der religiösen Geschichte* [111]*;*

5/ *Welche Art Tapferkeit hat Vigny in seinen berühmten Gedichte « Des Wolfes Tod » gepriesen ? Erzählte des Inhalt dieses Gedichtes* [112].

(Vigny est un des grands romantiques français, un peu plus jeune que Goethe et que Schiller [1797-1863], qui fit surtout de la poésie philosophique ; c'est de lui qu'est le vers célèbre « Gémir, pleurer, prier est également lâche »).

Voilà donc le type d'examen qu'on passe en France vers 18 ans, tout au moins pour la partie langue allemande ; je suis sûr que tu réussirais cette partie-là !

Et toi, ton examen, Gerda chérie, comment s'est-il passé ? J'attends que tu m'écrives cela.

Cette semaine je n'avais pas de lettre de toi. Mais, à la fin de la semaine passée, j'ai reçu de Berlin les lettres que tu écrivis le 27-4 et le 19-5-46, dont l'une était en français.

Demain, je suis examinateur à un examen d'éducation physique comprenant : sauts en hauteur et en longueur, lancer du poids, course de vitesse (100 m), course de fond (800 m) et grimper à la corde. Nous allons voir la force et la souplesse de nos jeunes candidats !

Dimanche passé, je suis allé encore faire un petit tour – un tout petit tour – en auto ; l'essence manque et c'est une chose empoisonnante.

Les récoltes s'annoncent belles. Les raisins seront nombreux sans doute et t'attendront pour les cueillir : mon Dieu, quand je pense à cela, que je suis heureux.

---

109 Dominer sur notre bouche et sur nos yeux.

110 Qu'est-ce qui distingue, selon Lessing, l'homme d'aujourd'hui de l'ancien ? Auquel l'écrivain accorde-t-il sa préférence ?

111 Expliquez ce qu'est un acte de bravoure douloureux. Donnez des exemples tirés de l'histoire profane ou religieuse.

112 Quelle bravoure Vigny prônait-il dans son célèbre poème « La mort du loup » ? Décrivez le contenu de ce poème.

Gerdalein, j'ai parfois des jours heureux avec mon travail, les joies du sport, mais toujours, toujours, tu me manques, toujours j'aimerais te faire partager tout ce qui me fait heureux.
Ce serait bon, sais-tu, de communier avec toi dans la même joie, de sentir ton plaisir s'ajouter au mien et de rencontrer, en levant les yeux, tes yeux qui rient !
Voici plus d'un an que je ne t'ai vue ; c'est long, un an, et j'attends et j'espère. Pourquoi faut-il attendre encore ? Pourquoi ne peux-tu pas venir vers moi ? Mon Dieu que tout cela est compliqué et incompréhensible. Nous nous aimons, nous ne pensons qu'à être heureux ensemble et à rendre heureux ceux qui nous entourent, et pour permettre cela, il faut des papiers et des papiers, et encore des papiers... Ainsi est fait le monde ! Et chacun parle de liberté, il n'est pas un chef d'État, pas un parti politique qui ne promette la liberté. Mais où est-elle cette liberté, où ? Il serait pourtant si simple d'être heureux. Il n'y a pas déjà tant de joie de par le monde qu'on doive encore la réduire et la combattre. Mais tous ces mots sont vains : il y a des lois et des décrets qui régissent le monde. Ces lois et ces décrets sont incapables d'arrêter la folie des hommes et les guerres, mais ils peuvent très bien empêcher deux êtres d'être heureux... C'est plus facile sans doute !
Pourtant, je suis plein d'espoir encore. J'ai foi – un vieux reste de foi – en un peu de justice, en un peu de bonté aussi. C'est pourquoi je crois qu'un jour nous serons réunis et que ce jour est proche. Alors tous ces mots et nos peines seront oubliés. Nous aurons trop de joie pour avoir des regrets et nous oublierons tout dans le bonheur d'aimer.

André

31. *Jeudi 20 juin 1946*

Gerda chérie,
Les beaux jours sont enfin venus et l'on pense à l'été. Dans quelques instants je vais à un examen sportif : mouvement, soleil, joie. Il faudrait encore, il faudrait surtout, le sourire de tes yeux et la douceur de ta main, et la vie serait belle...
La vie coule doucement, les examens approchent, dans moins d'un mois les grandes vacances seront là ! Aura-t-on fait quelque chose pour nous ? Je vais encore attendre quelques jours et puis j'écrirai encore aux Bureaux français de Berlin. Écris-leur aussi, je te rappelle l'adresse : Monsieur l'officier chargé des questions matrimoniales, section

française des rapatriements, Kurfürstendam, Berlin Halensee. J'ai fait, en France, toutes les démarches qu'ils m'ont demandées : demande de rapatriement à la préfecture, fourniture de toutes mes pièces d'état civil, etc. Ma demande a été transmise au ministère de l'Intérieur le 12 avril, c'est-à-dire il y a 3 mois ! Je vais donc, de mon côté, maintenant que j'ai plus de temps et que la limite que je me suis fixée approche, écrire au ministère de l'Intérieur. De ton côté, dès que tu seras débarrassée de ton examen, n'hésite pas à écrire partout où tu le jugeras nécessaire. Ce n'est qu'en harcelant sans cesse les gens qu'on obtient quelque chose de nos jours. J'ai toujours bon espoir, il ne se peut pas qu'on ne finisse pas par s'intéresser à nous : il y aura bien encore quelque brave homme qui prendra part à notre peine et nous aidera ! Tout cela, au fond, n'est qu'une question de papiers. Or beaucoup de gens n'aiment guère plus qu'on leur demande. Peut-être manque-t-il encore une pièce à notre dossier et on le laisse dormir dans un tiroir ! C'est pourquoi, en écrivant sans cesse, on finit par réveiller les gens, par attirer leur attention sur ce qu'on leur demande et par obtenir gain de cause. Il faut conserver la foi en la victoire finale, ne jamais se décourager. Sans doute, t'ai-je déjà cité ce vieux proverbe français : « Tout vient à point à qui sait attendre ». Il y a parfois plus de courage à savoir attendre ainsi, sans se décourager, qu'à se démener et à faire quelque acte inconsidéré. Soyons calmes, soyons forts ; mais soyons aussi volontaires. Notre adversaire est de taille, c'est cette grosse roue de la société qui veut nous écraser, cette société de plus en plus compliquée et qui mange de plus en plus les pauvres petites libertés des hommes ! Quoi qu'on veuille entreprendre, il y a toujours quelque part un monsieur qui vous dit : en vertu de telle loi et de tel décret il faut fournir tel papier avant de commencer ce que vous voulez entreprendre ! C'est pourquoi j'ai souvent envie de me faire paysan ou colon, car ce sont les deux rares professions qui laissent encore un peu de liberté. J'ai un excellent camarade dans le Sud saharien à Colomb-Béchar ; peut-être, un jour, irons-nous vers lui ?

Revenu de l'examen : tout s'est bien passé. Tous les candidats, sauf un, ont été admis ; c'est leur premier examen sportif, ils ont 12 ans ! (sauts en hauteur et en longueur, montée de corde, lancer du poids du bras droit et du bras gauche, course de vitesse 80 m).

Encore une fois je vais aller voir mon dentiste (j'en ai encore pour un mois), puis préparer mon déjeuner ; un peu de tennis, un peu d'allemand, des corrections de compositions françaises, et la journée sera passée !

Depuis quelques jours je rêve de là-bas. J'ai rêvé à Stramm et à une installation électrique que nous montions ensemble. La nuit passée, j'ai

rêvé des Adler… Serait-ce que quelque chose de nouveau se prépare ? Serait-ce que j'irai bientôt là-bas ou que tu viendras bientôt vers moi ? Te souviens-tu de ce petit chemin, face à la gare, et qui, à travers champs, conduisait vers un groupe de maisons en longeant la voie de chemin de fer ? Te souviens-tu du chemin de Marzahn ? Mon Dieu, comme tout cela est près de moi, clair dans ma tête. Je me souviens encore de ce pâté de maisons de Berlin autour duquel nous tournâmes et tournâmes, durant un soir triste, parce que tu ne savais pas bien encore ce que tu désirais faire… Je me souviens encore des mots que tu as dits ce soir-là dans un coin de la Wriezener Bahnhof : « Maintenant, il faudra bien faire attention pour que les hommes ne viennent pas briser notre grand amour ». Et ils ne sont pas venus le briser, mais voici que, maintenant, ils nous tiennent loin de l'autre : avant il n'y avait qu'un prisonnier et voici qu'il y en a deux, et qu'ils ne peuvent pas aller l'un vers l'autre.
Je viens de faire quelques démarches pour obtenir mon permis de conduire (pièce nécessaire, en France, pour pouvoir rouler en auto sans être inquiété par la police). Si j'ai de la chance, je le passerai peut-être le 9 juillet. Que de papiers, mon Dieu, pour faire peu de choses : les nations deviennent de plus en plus bureaucratiques et, pour une bagatelle, des feuilles et des feuilles sont nécessaires. Mais ce ne sont là que bien petites choses ; l'essentiel serait que nous nous retrouvions vite, vite ! Alors, nous pourrions regarder l'avenir en face et commencer, vraiment, notre vie. Toute ma pensée, tout mon amour vont vers toi.

André

32. *Mercredi 26 juin 1946*

Gerdachen,
J'avais, au début de cette semaine, une longue lettre qui contenait aussi celle de Stramm. Par contre, rien de Berlin. Je vais écrire demain ou après-demain pour les faire hâter un peu ! J'ai reçu aujourd'hui une lettre de Fernand (le camarade qui travailla chez Adler) et qui est maintenant auprès de Paris. Il est toujours sans nouvelles de la petite Russe avec qui il devait se marier. Pourtant, il ne désespère pas encore : tu vois qu'il en est qui sont encore plus malheureux que nous et qui pourtant ne se laissent pas abattre !
Ici, en ce moment, c'est la grande période des examens. Mes élèves ont composé hier et aujourd'hui, puis demain encore et vendredi ; enfin, vendredi soir ou samedi matin, les résultats seront donnés. Que

d'angoisses, que d'attentes ! Je suis allé les voir ce soir alors qu'ils faisaient leur version d'allemand : une version très simple d'ailleurs, que quelques-uns m'ont très bien faite, à une ou deux fautes près.
C'est aussi, actuellement, la grande saison du tennis. J'ai un terrain de tennis au bas même de mon escalier, c'est te dire si je m'en donne à cœur joie ! Ce qui m'attriste, c'est que quelques-uns viennent jouer avec leur femme et que toi – qui désirais tant apprendre – tu ne puisses venir. *Gerdalein*, combien ce serait merveilleux de t'avoir ici. Le matin de très bonne heure nous jouerions, de 6 à 7 heures par exemple, puis de 7 à 8 heures nous irions au bain. À 8 heures, nous déjeunerions et vers 9 heures moins le quart je partirais à mes cours, et toi tu aurais tout ton temps pour ranger la maison, faire tes travaux de couture et préparer le repas. Pour préparer mon travail aussi : j'ai toujours de nombreux thèmes à corriger et cela m'est très pénible. Corriger des versions est très facile et ne me prend guère de temps, mais corriger des thèmes est ardu si l'on veut le faire consciencieusement. Quelques élèves aussi, assez forts, viennent me demander des conseils. Si tu étais là, tu serais beaucoup plus qualifiée que moi pour les leur donner. Enfin, pour l'examen que je désire passer l'an prochain, tu me serais d'une grande utilité : tu vois bien qu'il est absolument nécessaire que tu viennes !
Gerda chérie nous aurions des heures délicieuses le soir : j'ai l'intention d'acheter prochainement un poste de T. S. F[113]. Nous aurions de longs moments à nous, rien qu'à nous deux ; une musique douce bercerait notre amour, ce serait le calme, la joie simple et paisible, la douceur de vivre.
D'autres fois, lorsque nous aurions réalisé quelques économies et que nous aurions récupéré quelques litres d'essence, nous partirions pour un grand tour et nous nous arrêterions auprès d'un petit bois, auprès d'une rivière et nous revivrions des souvenirs déjà anciens, souvenirs de joie. Ce seraient là nos jours heureux, ceux qui feraient oublier tous les autres, car il y aurait aussi des jours de peine, des jours d'angoisse, des jours où le monde semblerait tout entier tourné contre nous : ces jours-là existent aussi et il faut toujours être prêt à les subir. Ainsi, on peut mieux faire face, mieux combattre.
Dans une quinzaine de jours, je passe mon permis de conduire ; ensuite je pourrai rouler – si j'ai de l'essence – sans me cacher des gendarmes !

---

[113] Un poste de radio (anciennement : Télégraphie Sans Fil).

Il faut bien que tout soit prêt pour te recevoir : j'ai déjà deux raquettes pour jouer au tennis !
J'avais rêvé aussi d'un petit canot, mais la dépense est encore trop forte pour ma bourse : attendons l'an prochain !
J'ai lu la lettre de Stramm : il est toujours pareil, rien n'est changé en lui : jamais en repos, batailleur, querelleur, et pourtant pas mauvais bougre au fond ! Je vais lui écrire dès que j'aurai un instant : je te joindrai une lettre pour lui, ce qui fait que, si je commets de trop grosses fautes, tu sauras les corriger !
Quant à Joachim, j'ai relevé pour lui une belle poésie que je te mettrai dans une prochaine lettre, mais saura-t-il la lire tout seul ? Il est vrai que ce doit être un grand garçon maintenant ! Est-il plus jeune ou plus âgé qu'Hermann ?
Je songe toujours à ton examen : comment cela s'est-il passé ? Lorsque tu seras débarrassée, il faudra, en attendant que tu viennes ici, que tu te consacres sérieusement à ton français. Les quelques lettres que tu m'as envoyées indiquent que tu peux arriver rapidement à la perfection. Aussi tu n'as pas à avoir peur : d'ailleurs tu te souviens que tout allait très bien dans notre petit groupe pendant ce mois de répit que les évènements nous ont accordé.
Gerdachen, bientôt cette longue séparation ne sera plus qu'un mauvais rêve. Bientôt nous serons ensemble et heureux.

André

Papiers à te procurer :
– un extrait d'acte de naissance (signature légalisée par le maire)
– un certificat de résidence (dans quel endroit tu habites, ce que tu fais, etc.)
– un certificat médical
– un certificat de bonne vie et mœurs (le maire affirme que, moralement, tu as toujours eu une vie irréprochable).

33. *Jeudi 27 juin 1946*

Toute lettre qui me parviendra après le 14 juillet devra porter :
Lacaze André, La Ramigère par Mortagne-sur-Gironde, Charente-Maritime.
Penses-y !

Saintes le 27 juin.

Chérie : 2 heures de l'après-midi !

Il fait chaud : l'été enfin est là, brûlant, ivre de lumière et de vie. On a un peu en vie de dormir pendant ces heures torrides.
À midi, j'ai pris mon premier bain de l'année : je choisis cette heure-là, car il n'y a personne ou presque et l'on est bien, ainsi, avec l'eau. Eau douce, eau de rivière : j'ai pensé à Tiefensee, j'ai pensé à toi. Gerda chérie, combien je souhaite, combien je désire, que tu puisses bientôt venir partager ces joies simples qui seraient meilleures si tu étais là…
Ce soir nous ferons encore quelques heures de tennis et la nuit sera bienvenue, car le corps sera las !
Demain, autre genre d'occupation : je suis de commission d'examen. Cela me gêne un peu, car c'est la première fois que je suis de commission ainsi, en allemand.
Les commissions comprennent toujours deux membres : je suis avec une jeune dame, Mademoiselle Rotsinger, qui est originaire d'Alsace et qui est très forte en allemand. Il faudra donc que je fasse très attention ! Nous interrogeons sur toute la grammaire : déclinaison de l'article défini, indéfini et des adjectifs possessifs (*Geschlechtswörter : bestimmte und unbestimmte Geschlechtswörter, Besitzanzeigende Beiwörter*[114]*)*, leur emploi : quand on doit les employer ou les supprimer. L'emploi des cas (*Gebrauch der Fälle*). Les prépositions (*Vorwörter*) qui entraînent le génitif, le datif, l'accusatif, etc. La déclinaison du nom (*starke, schwache und gemischte Biegung des Dingwortes*[115]). Le genre du nom (*das Geschlecht des Dingwortes*). L'adjectif (*Beiwort*) et sa déclinaison. Les pronoms (*Fürwörter*) démonstratifs, relatifs, indéfinis, personnels ! Toutes les conjugaisons, et enfin la construction de la phrase (*der Satzbau*).
J'ai composé 10 papiers différents sur chacun desquels sont posées 3 questions ; l'une de grammaire simple (exemple : *Fallbiegung des bestimmten Geschlechtswörte : Mustersätze* [116]) ; la deuxième de grammaire aussi, mais un peu plus compliquée (exemple : la place de l'épithète, dans des expressions comme « les amis qui restent sur place », « la main posée sur la table », « un enfant aux sentiments délicats ») ; enfin la troisième de pure littérature : *Was kennen Sie über Goethe, welches Gedichte kennen Sie von ihm* [117]? L'élève tire donc l'un de ces papiers, prépare sa question pendant 20 à 30 minutes et

---

114 Mots de genre : définis et indéfinis, adjectifs possessifs.
115 Déclinaisons forte, faible et mixte des noms communs.
116 Déclinaison des articles définis : exemples de phrases.
117 Que savez-vous de Goethe, quels poèmes connaissez-vous de lui ?

ensuite vient dire ce qu'il sait. Quelques questions supplémentaires lui sont posées, après quoi les examinateurs s'entendent pour lui donner une certaine note. Je t'explique tout cela en détail de façon que tu saches exactement comment se passent les examens chez nous.
Je voudrais bien que nous puissions nous retrouver le plus vite possible pendant ces vacances, car j'aurais bien souvent besoin de tes conseils. Ainsi, je ne sais pas exactement comment traduire le mot « contraste » en allemand ; le dictionnaire donne « *Abstand* », « *Abstich* » et « *Kontrast* » : aucun de ces 3 mots ne me convient bien, lequel faudrait-il choisir, ou bien en existe-t-il un meilleur encore ?
Je me réjouis déjà de notre travail futur. Toi connaissant de mieux en mieux le français, moi pénétrant de plus en plus la langue allemande… Et, plus tard, dans dix ans d'ici peut-être, nous pourrons essayer de bâtir un livre d'étude basé sur notre propre expérience.
J'aime bien, ainsi, de temps à autre, me fixer un but à atteindre, et puis ce serait tellement merveilleux ce travail en commun, ce partage de chaque connaissance, de chaque joie, de chaque découverte.
Vois-tu, il y a encore beaucoup de travail à faire dans ce sens : il faut absolument que les peuples arrivent à se comprendre et à s'estimer, mais il faut que cela existe en dehors de toute idée politique.
Avant-guerre de nombreux étudiants allemands venaient en France, mais ils n'y venaient que pour faire de la propagande et vanter le Führer ; beaucoup d'étudiants français allaient en Allemagne, mais uniquement pour admirer béatement les méthodes nazies : aussi il a fallu bien peu de chose pour que beaucoup de gens disent : « Oh ! ceux qui sont familiers avec les Allemands, ce sont tous des nazis ».
Il faut éviter cela ; il faut que chaque être intelligent sache discerner dans son peuple et dans les peuples voisins les hommes droits et de bonne volonté et que, sans parti pris aucun de race, de religion et de patrie, il les aime, les admire et les soutienne.
J'ai en ce moment sous les yeux le cas de Joseph Rollo[118], un pur héros de la résistance française.
Enfermé en 1945 dans le camp infernal de Neuengamme, fréquemment et durement frappé, il disait ne pas se préoccuper des coups présents et des tortures morales constantes. Il jetait déjà les bases d'un

[118] Joseph Rollo, né le 10 juin 1891 à Vannes et mort en déportation en avril 1945 à Neuengamme, est un syndicaliste et résistant français. Il est l'auteur, en 1943, de l'« Appel aux instituteurs de France », lu au micro de la BBC et invitant les instituteurs à participer à la Résistance.

rapprochement possible entre les hommes ayant souffert pour la démocratie de l'un et l'autre côté du Rhin ; leur donnant son adresse, il comptait rester en relation avec certains.
Voilà de ces hommes merveilleux que la souffrance n'aveugle pas, qui ne pensent pas qu'à haïr et qu'à punir, mais qui savent discerner les bons des mauvais pour les aimer.
Car jamais rien de solide n'a été construit que sur l'amour.
La haine et la menace n'ont jamais donné de bons résultats.
L'amour au contraire est créateur.
Et il faudrait que notre amour à nous deux aide aussi à l'immense transformation du monde.
Gerdalein, j'aurais tant de choses encore à te dire…

André

34. *Mercredi 3 juillet 1946*

Gerda mienne,
Nous vivons des journées torrides, des journées d'Espagne, de tropiques ! Je viens d'inonder partout, d'ouvrir toutes les fenêtres et, malgré tout, il fait horriblement chaud. Il y a un endroit dans la pièce où joue le courant d'air : j'y ai transporté ma table de travail ; tout à l'heure j'y transporterai mon lit. C'est commode lorsque toutes les choses sont si petites qu'elles sont transportables !
Journée assez dure aujourd'hui : nous avons terminé notre premier classement de fin d'année, ensuite je suis allé chez le dentiste, puis leçon d'allemand ; c'est beaucoup pour un jour de chaleur.
Aussi, ce soir, à part mon dîner n'ai-je rien fait. Demain est jeudi, jour de repos total, aussi aurai-je tout mon temps pour corriger devoirs et copies.
Cette semaine je n'ai point reçu de lettre de toi. Samedi, en allant à Mortagne j'ai trouvé à la Ramigère ta lettre du 5 juin. Je n'ai pas encore reçu de réponse de Berlin ; j'espère pourtant avoir bientôt une réponse.
J'ai une lettre d'Henri : il va essayer d'entrer en relation avec ton frère. C'est assez difficile en ce moment. Comme il y a eu beaucoup d'évasions, les règlements sont devenus plus sévères : donc que sa femme ne s'inquiète point, seules des mesures administratives empêchent qu'il reçoive ses lettres. Je souhaite ardemment que la paix revienne, totale, que chacun aille où il désire aller, que chacun fasse ce

qu'il désire faire pourvu que cela ne nuise pas à autrui. Mon Dieu, le monde a soif de liberté, quand donc viendra cette liberté ?
Nous n'avons plus qu'une dizaine de jours de classe, ensuite commenceront les vacances. Je vais tout mettre en œuvre pour aller vers toi et pour que tu viennes vers moi : réussirai-je ? Je désire tant te revoir. *Gerdalein*, un an et des mois ont passé, on a arraché nos vies l'une à l'autre : elles veulent se rejoindre !
Gerda chérie, penses-tu à la joie de la première rencontre ? Tu es le meilleur de ma vie, et lorsque je regarde cette petite image de toi, il me semble que sans toi je ne saurais vivre. Quand, oh ! quand nous retrouverons-nous ? Écris, toi aussi, aux bureaux de Berlin. À force d'écrire, à force d'insister, peut-être arriverons-nous à avoir gain de cause. Les gens sont naturellement paresseux et ne s'occupent guère de ce qui ne les intéresse pas directement : ce n'est souvent qu'en les harcelant qu'on arrive à les faire remuer.
Je serais bien heureux aussi de savoir comment s'est passé ton examen. Pense que seules quelques centaines de kilomètres nous séparent, une journée de train, 3 ou 4 heures d'avion, et il faut attendre des jours et des jours avant de savoir ce qui se passe là-bas, de l'autre côté de l'Elbe. Vingtième siècle ! Siècle d'énergie, de vitesse, de liberté ! Deux êtres désirent aller l'un vers l'autre… Voici plus d'un an qu'ils attendent. Ah ! dérision, l'homme a déchaîné des forces dont il n'est plus maître et chacun souffre et chacun accuse le voisin d'être l'auteur de sa souffrance. Pourtant, dans cette grande débâcle, demeure la foi en quelque chose, la foi en l'amour. *Gerdachen*, rien ne pourra nous séparer, pas même le temps : je garde en moi le son de tes mots, tous nos souvenirs communs et la trace de nos grandes joies. Tu es mêlée à ma vie, tu es en moi, en chacun de mes gestes, en chacun de mes mots. Les meilleures de mes heures sont celles où je vis de souvenir, d'espoir aussi… Je fais des tas de plans, de projets, je construis, je détruis, je bâtis encore et toujours il y a toi et moi, et ceux qui pourraient venir.
J'ai reçu aussi une lettre de Fernand (Jacquier) : il a changé plusieurs fois de garnison, le voici arrivé à Paris, toujours sans nouvelles de sa petite Russe. Il croit probable qu'elle soit restée derrière l'Oder. Par contre, il a reçu des nouvelles de plusieurs Tchèques qui travaillaient chez Schefer, de quelques jeunes filles russes aussi, qui étaient amies de sa fiancée et qui travaillaient chez B. Wegener.
Je pense pouvoir écrire à Stramm dans le courant de la semaine prochaine.

Mon Dieu, qu'il serait donc simple d'aller là-bas, de revoir tous ceux que je connais, de retrouver des coins où j'ai vécu, de me promener avec toi où nous eûmes nos premières joies. Pourquoi, pourquoi empêcher cela ?
La guerre doit-elle donc durer éternellement ?
Mais où est la liberté, où ? Enfin, il faut essayer de se débattre, de lutter.
Dès que j'aurai la réponse de Berlin, je vais essayer autre chose, il faut trouver.
Nous ne pouvons pas attendre ainsi des mois et des mois pour être heureux. Si les hommes ne veulent pas nous accorder de bonne grâce un bonheur simple et légitime, il nous faudra le voler. Mais ce que je sais, c'est que nous nous retrouverons et que nous serons heureux, il le faut.
Nous voulons vivre et être heureux : c'est notre droit le plus imprescriptible, le droit au bonheur. Nous n'avons jamais voulu le mal, nous n'avons jamais fait le mal ; toujours nous avons désiré plus de joie, plus de liberté par le monde.
Alors pourquoi nous deux aussi n'aurions-nous pas notre part de bonheur ?

André

35. *Jeudi 4 juillet 1946*

Saintes

Jeudi soir.
Beaucoup de travail.
Demain, nous faisons passer le premier examen d'essai à ceux que nous présentons à l'École normale.
La journée a été lourde, orage ! Et voici qu'il est tard dans la nuit. J'ai terminé la préparation d'un cours sur Hugo. En allemand, je fais traduire en ce moment l'histoire de *Wieland der Schmied*[119] *;* celle de *Gudrun*[120] aussi et je t'assure qu'elle en intéresse beaucoup ! Puis nous résumerons « *das Epos über Kaiser Otto von Konrad von*

---

119 Wieland le forgeron : dieu de la mythologie germanique ; Richard Wagner a tiré de cette légende un livret d'opéra.

120 Gudrun (ou Kriemhild), épouse de Sigurd (Siegried) est une figure majeure de la littérature héroïque germanique. Dans l'oeuvre de Richard Wagner (L'anneau des Nibelungen) on la trouve sous le nom de Gutrune, épouse de Siegfried.

Würzburg[121] ». T'ai-je dit que l'un des chants que je fais apprendre est une berceuse de Mozart ? Il y a tant de jolies choses dans lesquelles tous les hommes peuvent communier qu'il est douloureusement incompréhensible de voir se perpétuer des haines !
Comment se poursuit la vie de ta classe ? Et la tienne ? Parfois j'ai le désir de revoir ce coin de Berlin où j'ai peiné sans doute, mais où j'ai eu aussi la joie de te rencontrer. Souvent je ris tout seul en songeant à tous les tours que nous avons joués à la Gestapo ! Il me reste toujours quelque chose malgré tout des peurs anciennes et aujourd'hui encore, quand, à la descente d'un train je vois un gendarme, j'ai comme un petit frisson. Au fond, nous avons eu une veine inouïe. Nous avons pu échapper tant bien que mal à la police et aux bombardements.
À propos, sais-tu ce qu'est devenu Wolter, le fameux policier qui m'aimait particulièrement ? L'un de mes camarades m'a affirmé que Möller était mort : que Dieu ait son âme ! Vieux souvenirs, angoisses, joies aussi. Je veux espérer que l'avenir ne nous réserve plus que des joies, avec quelques ennuis aussi, de temps en temps, parce qu'autrement ce serait trop monotone !
Il faut que tu viennes ici le plus tôt possible : ma chambre est dans un désordre indescriptible : les livres, les cahiers, les papiers l'envahissent de plus en plus, il y en a partout. Je n'ose plus recevoir des gens chez moi, car il n'y a plus de place pour s'asseoir !
Sais-tu que voilà bientôt l'été et que tu pourras te baigner dans la mer ? Tu verras, toi, nageuse émérite, que ce n'est pas si facile que cela de lutter contre les vagues ; tu connaîtras aussi l'âpreté et le charme du goût d'algue et de sel, d'iode aussi : l'eau douce n'est rien à côté de cela.
Aujourd'hui, j'ai acheté un tas de livres, 8 ou 9. Quelques-uns sur des gens que tu connais : Pascal, Molière, Musset (sans doute te souviens-tu des nuits de Musset lues de très bonne heure un matin). Mais celui qui t'intéresserait le plus serait sans doute la traduction française des lettres de Wagner à sa première femme, Minna. Ce Wagner est un type épatant et qui me plaît beaucoup, malheureusement il utilise trop les cuivres dans sa musique… Aussi, je lui préfère Mozart : j'ai encore très distincte dans l'oreille la façon dont il prononçait Lu-i-se.

121 « L'épopée de l'empereur Otto » est une œuvre poétique de Konrad von Würzburg, l'une des figures majeures de la littérature allemande de la seconde moitié du treizième siècle. Otto le Grand (912-973) fut le fondateur d'un empire qui sera nommé au quinzième siècle le Saint Empire romain germanique.

Des trains passent, quand donc t'amèneront-ils ? Le réveil bat ses secondes... Que de minutes, d'heures et de jours encore à attendre !
En leçons particulières d'allemand j'ai une gentille petite fille de 13 à 14 ans qui chante à ravir, et je lui ai déjà fait apprendre bien des chants. Tiens, je te les cite, tu me diras ce que tu en penses : *Der Gänsedieb*, *Wiegenlied* von J. Brahms, *Sehnsucht nach dem Frühling* von Mozart (très beau), *Frühlings Ankunft*. Et maintenant nous étudions *Heidenröslein* von H. Werner. Tout cela me demande encore beaucoup de travail, mais bientôt tu seras là pour m'aider.
J'ai recommencé à jouer du violon, mais j'ai si peu de temps. Parfois je m'amuse à jouer cet air, tu sais, où l'on dit vers la fin : « *Da ist mein Heimat, Da bin ich zu Haus* ». Vieux souvenirs encore.
Il faudrait bien aussi que je continue à travailler mon anglais. J'avais commencé pendant les vacances, mais les jours sont trop courts ! J'ai retrouvé l'adresse de mon ancien correspondant américain et j'ai bonne envie de lui écrire.
Tout récemment j'avais une lettre de Jacquier (Fernand). Le pauvre garçon est bien en peine, il essaie de retrouver l'adresse et de correspondre avec Luda sa jeune fiancée russe ; lui aussi a beaucoup de peine.
Quand on pense à toutes les douleurs qui sont nées dans ces quelques années, on est effrayé ; on se demande aussi comment les hommes peuvent encore se haïr âprement et créer d'autres douleurs. J'ai souffert moins que certains, plus que beaucoup : je ne hais personne et je sais que toi aussi tu es ainsi.
Peut-être est-ce notre grand amour qui nous a préservés. Il est si bon d'aimer *Gerdalein*.
Il est si bon de penser à toi, et que bientôt peut-être...

André

36. *Vendredi 5 juillet 1946*

Saintes le 5-7

Gerdalein : deux lettres de toi hier ! Grande joie, mais, hélas, aucune nouvelle de Berlin ; pourtant j'espère qu'une réponse à ma dernière lettre va me parvenir.
Le temps est revenu à la pluie, mais il fait chaud encore, une chaleur humide de serre !

Hier soir je suis allé voir jouer un film tiré d'un roman de Louis Bromfield que nous avions lu ensemble : « La mousson ». Te souviens-tu ? L'histoire merveilleuse de Tom, du Major, de Fern surtout : j'aurais presque pleuré tant je pensais à nous deux !
Ce matin j'ai travaillé : les littératures étrangères (italienne et espagnole), puis une histoire comparative de l'évolution de la Prusse et de la Russie de 1640 à 1792. Demain matin, en un seul cours, il me faudra résumer la littérature allemande : Le *Nibelungenlied*[122], Goethe, Schiller, Heine. Tous ces jours encore je vais penser à toi très fort, aux petits livres que tu me prêtais de Gerhart Hauptmann ou de Storm. Gerhart Hauptmann vient de mourir. Il avait été fort goûté en France au temps de sa jeunesse alors qu'il était encore démocrate. On raconte que Guillaume II le détestait et qu'il lui rendait bien cette haine. C'est ainsi que, voyant arriver à Corfou, en 1911, l'empereur dans un yacht blanc suivi d'un torpilleur noir, il improvise un petit poème qui se terminait ainsi : « Il voyage dans un vaisseau blanc, mais un chien noir rampe derrière lui ». Le chien noir, monstre maléfique des légendes allemandes. On conte encore sur lui bien des anecdotes, ainsi que sur son fils Benvenuto. Malheureusement, comme beaucoup d'autres, il devint un nazi notoire…
Cet après-midi, à part un cours de musique, j'ai fait de la conduite automobile en pleine circulation, en ville : je n'étais pas très à mon aise, mais tout s'est passé pour le mieux. Jeudi prochain, je passe mon permis de conduire… je voudrais bien être reçu.
Encore 8 jours de classe ! Ensuite, travail aux champs : le travail ne manque pas ! Les moissons d'abord sans doute, ensuite il sera nécessaire que je repeigne toutes les ouvertures de la maison, portes et fenêtres : il y a 8 ou 9 ans (toute la guerre) que cela n'a pas été fait et réellement c'est bien nécessaire. Puis, peu à peu, viendront les vendanges et la préparation du travail d'une nouvelle année.
Mon Dieu, pourvu que d'ici là j'aie pu t'aller chercher que tu aies pu venir vers moi. Je savoure à l'avance cette joie. Lorsqu'à bicyclette je vois des sentiers ombragés, des coins d'ombre délicieux je pense : bientôt peut-être nous viendrons ici tous deux… L'eau salée, les rochers, le goûter à l'ombre quand on a bien faim. Puis le lendemain le travail en commun, le sillon que l'on bêche ensemble, les devoirs que l'on corrige ensemble, les livres, les journaux que l'on lit ensemble. On fait

122 La « Chanson des Nibelungen » est une épopée médiévale en moyen haut-allemand composée au XIIIe siècle.

les mêmes découvertes, on sait que la joie de l'autre est semblable à la sienne, on a les mêmes espoirs et les mêmes peines, et quand l'un faiblit, l'autre est là qui sait l'aider. *Gerdalein*, la vie est là qui nous attend. Sachons espérer, toujours, sans faiblir, sans nous décourager : nous ne voulons pas être parmi les vaincus. Gerda chérie, j'ai gardé la même confiance en la vie, rien ne saura l'abattre : je t'attends. Tous ces jours qui passent sans joie réelle, tous ces jours d'attente me semblent sans importance : je sais que nous nous retrouverons, je sais que ce jour viendra et je n'ai pas d'impatience… Gerda chérie, te souviens-tu de ce livre de Charles Morgan qui a pour titre : « Le fleuve étincelant[123] » ? La préface en était une merveille. Elle disait qu'on doit avoir en soi une certitude et que, lorsqu'on a cette certitude, rien, rien ne peut l'ébranler : alors on sait attendre, on sait souffrir pour elle, on sait la garder vivante, profonde en soi. Maintenant, je sais ce que cela veut dire : oui, j'ai hâte de te retrouver, je veux mettre tout en œuvre pour te retrouver, mais je sais aussi que, si le destin nous maintenait séparés, je saurais attendre des mois et des mois encore, en ayant toujours en moi cette certitude. Je crois même que si un évènement imprévu venait à mettre entre nous un obstacle infranchissable, je pourrais peut-être me bâtir une vie comme tout le monde, mais en sachant qu'un jour, dans très longtemps peut-être, nous serions réunis. Alors, lorsque ce jour viendrait, lorsqu'une possibilité d'aller vers toi s'offrirait, j'oublierais tout, métier, foyer, famille, pour aller vers toi. Car tu es la seule qui puisse me comprendre réellement, totalement ; tu es la seule avec qui je puisse m'unir totalement, tu es la seule qui puisse, devant Dieu et devant mon âme, être véritablement ma femme. *Gerdalein*, nos destinées sont liées à tout jamais, je crois qu'elles étaient liées de toute éternité pour qu'elles aient pu se rencontrer ainsi ; je crois qu'elles demeureront liées. Rien ne peut briser ce lien, même pas l'absence, même pas la mort, car la mort ne sépare pas autant qu'on dit.

Chérie, je crois que les jours qui viennent nous apportent la joie, la plus grande joie peut-être de notre vie… Il faut savoir espérer sans impatience et être ferme dans son espoir : on est vainqueur ou bien l'on est brisé, mais seul est vaincu celui qui s'avoue vaincu… Et nous avons trop d'amour en nous pour cesser d'espérer ! Je t'aime, *Gerdalein.*

André

---

123 Charles Langbridge Morgan (1894-1958) est un auteur britannique, qui a publié en 1937 une pièce de théâtre intitulée « The flashing river ».

37. *Mercredi 10 juillet 1946*

Saintes le 10-7-46

Gerdalein,
Je viens de faire de la peine : il nous faudra attendre encore quelques mois avant de pouvoir vivre ensemble, car le ministère de l'Intérieur ne permet pas pour le moment ton entrée en France. *Gerdalein,* ne sois pas triste, je ne veux pas que tu aies mal ; il suffit d'un peu de patience : nous y sommes habitués, voilà si longtemps que nous attendons ! Ce ne sont que quelques mois de plus à attendre ; bientôt se réunira la conférence pour la Paix, bientôt les traités seront signés, bientôt tout sera revenu à son état normal et tu pourras venir en France.

Lorsque je reçus cette lettre ma peine fut grande et j'ai pleuré comme un gosse. Mais je me suis remis à espérer et maintenant ma foi est aussi grande qu'avant : je suis toujours certain qu'un jour nous réunira enfin. Et immédiatement je passe à l'action. J'écris d'abord au ministère pour demander les raisons de ce refus. Puis je vais prendre des renseignements pour savoir si, en tant que professeur d'allemand, je ne puis pas aller en Allemagne afin de me perfectionner (un séjour d'une ou deux semaines). Si on m'autorise, on me permettra sans doute d'aller soit au Luxembourg, soit en Suisse, soit en Autriche, soit en territoire occupé par les Français : il faudrait alors te renseigner immédiatement s'il est possible, pour toi aussi, d'aller dans l'une de ces régions. Ainsi, nous pourrions au moins nous revoir ! Il faut aussi, et c'est absolument nécessaire, qu'aussitôt ton examen passé, tu demandes à te spécialiser en français et à préparer les examens de langue française : ainsi tu auras beaucoup plus de facilité pour passer en France ou pour séjourner dans un pays de langue française tel que la Suisse ou la Belgique par exemple. Comprends-tu mon idée ?

Alors, je t'en prie, *Gerdalein,* sois forte comme tu sais l'être souvent, ne sois pas triste, ne te laisse pas abattre et lutte de toutes tes forces comme je lutte, moi aussi, afin que nous nous retrouvions. Tu sais qu'un vieux proverbe africain affirme qu'on « achète son bonheur » ! Gerda chérie, j'ai confiance en toi, je sais que tu veux et que tu peux lutter. Nous sommes jeunes, l'avenir est devant nous. Pense à tous ces prisonniers qui, eux non plus, ne rentreront pas avant que la paix soit complètement signée. Pense à ceux des nôtres qui ont attendu 5 ans avant de retrouver leur femme…

Gerdalein, aie confiance en moi comme j'ai confiance en toi : tu sais que c'est toi seule que j'aime, toi seule que je désire comme femme, toi seule avec qui je veux vivre ma vie. *Gerdalein,* que sont quelques mois comparés à toute une vie ! Si nos deux volontés sont tendues dans le même sens, si le même désir est en nous de nous retrouver, rien ne pourra nous arrêter ; mais il faut avoir de la patience, savoir attendre. Notre vieux proverbe est vrai qui dit : tout vient à point à qui sait attendre ! C'est une parole juste et bonne qui incite à la sagesse et à laquelle même les plus enthousiastes doivent se plier. Je sais que, déjà, tu as eu bien des déceptions et que tu attends avec impatience le jour qui nous mettra dans les bras l'un de l'autre… mais il faut comprendre aussi que nous ne pouvons pas être les seuls heureux dans un monde qui souffre et qui peine : il nous faut porter un peu de la souffrance humaine. Heureux encore sommes-nous, car nous avons en nous cette flamme, cet espoir : la confiance dans l'autre ! *Gerdalein,* je ne veux pas que tu souffres, je ne veux pas que tu aies mal : aime la vie, aime les enfants, aime ton métier, fais que ton corps se réjouisse dans les sports, ainsi tu sauras mieux attendre. Mais aussi que ta vie tout entière soit un effort vers le but à atteindre : tu n'as pas le droit de désespérer, tu n'as pas le droit de t'abandonner au destin, quel qu'il soit. Il faut vouloir, toujours vouloir, savoir profiter de chaque évènement et être sûr, absolument sûr, qu'un jour enfin nos vœux seront accomplis. *Gerdalein,* nos vies sont liées, on n'efface pas des années de vie commune, on n'efface pas des promesses, des espoirs, on n'oublie pas ce qui était la source même de la vie. Gerda chérie, je suis en toi et tu es en moi. Rien ni personne ne peut changer cela ! Au-dessus des contingences matérielles, la pensée vole libre et personne ne peut ni la tuer ni la contraindre.
Depuis 3 nuits je rêve de toi, tu es ma pensée de chaque jour, je partage avec toi le meilleur de ma joie. Par toi me viennent les plus grandes de mes joies, les plus grandes de mes peines. Il faut que tu saches cela, que tu sois forte et que tu croies.

André

38. *Samedi 13 juillet 1946*

Saintes le 13-7-46

Gerda chérie. L'année scolaire se termine. Mes élèves m'ont offert un beau portefeuille de cuir et nous nous sommes quittés ce soir très

heureux d'être en vacances et un tout petit peu tristes malgré tout parce que quelque chose se termine.
Ainsi me voilà en vacances. Déjà, à midi, nous avons fêté un peu cet heureux jour. Ce soir une nouvelle fête, plus ample, plus cordiale aussi doit nous réunir. Demain, la grande réjouissance nationale du 14 juillet doit nous donner 3 heures de spectacle. Enfin, c'est l'été, c'est le repos aussi et je devrais être heureux. Pourtant, je ne suis pas heureux : tu devines pourquoi !
Gerdalein, à midi j'avais ta lettre. J'y lisais tout ton amour et j'y puisais la force d'attendre encore parce que je sentais que rien jamais ne pourrait nous sépare ! Il faut attendre, toujours attendre… mais aussi essayer de faire valoir nos droits. Nous avons cru et nous avons combattu pour la liberté. Maintenant que la paix est là, on doit nous accorder cette liberté. Nous ne demandons qu'à vivre ensemble et à avoir notre part de bonheur. Est-ce trop demander ? Pourquoi ne nous accorde-t-on pas cela ?
Il y a des gens qui ont fait le mal, qui ont dénoncé, qui ont édifié leur fortune sur la misère des pauvres : ceux-là sont libres de faire ce qui leur plaît, personne ne les inquiète, personne ne va contre leurs désirs. Et nous qui avons toujours désiré plus de liberté, plus d'amour pour le monde, on nous empêche d'être heureux. Pourquoi, pourquoi ces éternelles injustices ?
Mais je lutterai jusqu'au bout, j'irai jusque dans les bureaux demander à ceux que la douleur du monde n'intéresse pas pourquoi ils sont inertes, pourquoi ils n'ont plus de cœur. J'ai quelques amis qui sont des gens de cœur et ils combattront avec moi. Nous voulons plus de justice, plus de compréhension, plus d'enthousiasme : nous ne voulons pas que nos peines et nos souffrances de 6 ans soient vaines, nous ne voulons pas que nos camarades soient morts en vain. Il faut que la justice soit et qu'elle soit internationale. Nous ne voulons plus de ces étiquettes qu'on accroche aux noms de Français, d'Anglais, d'Allemands, d'Américains ou de Russes : nous voulons un rassemblement de toutes les bonnes volontés, quelles qu'elles soient, d'où qu'elles viennent, pour lutter contre toutes les puissances du mal. Celui qui a consciemment mal agi doit être puni. Celui qui a fait effort pour augmenter, un tout petit peu, le bien-être de l'humanité doit être aimé de tous. Il ne faut plus que les innocents payent pour les coupables. Nous sommes las de voir toujours les masses broyées alors que les meneurs échappent presque toujours à la punition. Il y a encore de braves gens de par le monde, qu'ils se

reconnaissent, qu'ils se tendent la main, qu'ils luttent ensemble contre les mauvais, les égoïstes, les pourris…
Nous voulons que les hommes soient conscients, qu'ils réfléchissent, qu'ils comprennent et qu'ils n'aiment plus béatement ou haïssent bêtement uniquement parce qu'on leur a dit d'aimer et de haïr. Une lueur d'intelligence brille en chaque être : il suffit de l'éveiller ; un désir d'amour est caché en chaque homme : il suffit de le découvrir et de l'utiliser, et c'est à nous autres professeurs et instituteurs que revient ce rôle. Nous n'avons pas à cacher les laideurs de la vie : au contraire il faut mettre les enfants en présence des puissances du mal, leur en montrer la force, mais en même temps leur faire comprendre la grandeur de la tâche à accomplir, leur prêcher d'exemple, bannir d'eux la servilité, la peur, la fourberie, leur apprendre à penser par eux-mêmes, à juger par eux-mêmes et à aller toujours, quoi qu'il arrive, jusqu'au bout de leur pensée et de leur jugement. Alors, on aura affaire à des hommes et non pas à des pantins dont deux ou trois êtres, plus malins, tirent les ficelles. Il faut nous dire cela et aussi que nous resterons toujours fidèles à nous-mêmes, à notre besoin d'idéal, à notre besoin de liberté.
On n'arrive pas à cela par la force ou par la violence, on y arrive par l'amour. Le Christ, le vrai, non pas celui des religions mais celui de la Bible, n'a jamais imposé sa doctrine au monde et, pourtant, le monde est venu à lui. Aujourd'hui comme hier le monde ira à ceux qui se donneront à lui.
Gerdalein, notre amour est un peu du grand amour universel, conservons-le soigneusement en nous, protégeons-le. Vivons par lui et pour lui et demain nous découvrirons le bonheur.

André

39. *Lundi 15 juillet 1946*

Saintes le 15-7.

Gerda chérie.
Dernier jour ici sans doute. Demain, je vais à La Rochelle : j'ai encore des tas d'ennuis en ce moment. Je n'étais pas nommé définitivement dans le poste que j'occupe et le titulaire redemande sa place. Il va falloir sans doute que je parte ; naturellement je vais me défendre, car ce cher monsieur a été nommé alors que j'étais à Berlin à regarder tomber les

bombes… Mais cela est assez peu important : de toute façon, j'aurai un poste. Pourtant, j'aimais celui-ci et j'aurais voulu le conserver.
Hier, c'était la fête nationale du 14 juillet. Les gosses de toutes les écoles de la ville ont joué et donné le spectacle. C'était très beau mais, malheureusement, mal organisé. Les plus petits ont mimé des chants, les moyens ont fait des chœurs, les grandes filles ont dansé sur scène. Mes garçons ont donné un numéro sportif sur barres parallèles, un numéro très bien réussi. Le soir nous sommes allés boire un vin d'honneur offert par un camarade qui se marie. Longtemps, dans la nuit, les réjouissances se sont continuées dans la ville, mais je ne m'y suis point mêlé parce qu'une vague tristesse était en moi. Depuis 15 jours déjà – est-ce fatigue, est-ce tristesse de voir notre rencontre repoussée ? – je ne sais plus être joyeux, je travaille mal, je perds mon temps : il y a un poids sur mes épaules et je suis las. Pourtant, je veux être fort, ne pas me laisser aller, ne pas être à la remorque des évènements. Seul le sport me déride un peu, et encore je ne retrouve pas l'enthousiasme du mois passé. Le tennis bat son plein, les balles volent et les raquettes tapent, tapent… Demain soir je vais repartir pour Mortagne. Peut-être qu'auprès de mes parents je retrouverai un peu plus de joie.
Ma lettre a été, un instant, interrompue par une partie de tennis. Le terrain de tennis est ici, dans l'école ; souvent des collègues viennent et, comme ils sont seuls, je dois jouer avec eux. Au début, cela me plaisait énormément et j'aurais joué jusqu'à l'effondrement. Mais maintenant ils m'ennuient souvent et j'ai hâte d'être réellement seul…
Doucement la nuit tombe.
Je vais me coucher tôt ce soir : demain, je vais à La Rochelle et mon train part de fort bonne heure. Je vais essayer de voir quelle est exactement ma situation vis-à-vis de mon administration. Pour l'avenir, il faudra que je me renseigne pour passer mes premiers examens d'allemand au cours de l'année prochaine.
Je te répète ce que je te disais dans ma précédente lettre. *Gerdalein* spécialise-toi dans l'étude du français, cela peut avoir, par la suite, beaucoup d'avantages pour nous : facilité pour passer en France ou dans une région parlant le français ; situation assurée en France (souvent, avant-guerre, on recherchait ici des Allemands diplômés chez eux et connaissant parfaitement le français afin de donner des cours d'allemand dans nos collèges).
Dans l'après-midi, j'ai rangé mon bureau ; j'ai flâné parmi les lettres qui viennent de toi (j'en ai maintenant tout un tiroir plein). J'ai flâné

parmi les lettres comme on aime le faire à 16 ans et j'étais heureux de faire un beau rêve.

Gerdalein, malgré les ennuis et les tristesses il fait bon sentir tout cet amour en soi, cet amour vivant et dont on vit : j'aime mieux souffrir d'amour que de n'avoir rien en moi, rien de grand…

Demain, à La Rochelle, je dois choisir un cadeau pour le camarade qui se marie. Je suis bien embarrassé ; je crois que, l'ancien métier parlant, je vais choisir dans l'électricité : une jolie lampe de bureau, peut-être. Il est heureux, sa fiancée est très gentille et lorsqu'ils s'en vont tous deux, étroitement unis au bras l'un de l'autre, il y a comme une douleur vague qui naît en moi. Alors, je pense à toi plus fort, je me sens plus près de toi et j'imagine notre vie à nous deux.

Gerdalein, nos vies ne sauraient s'épanouir l'un sans l'autre. Elles attendront longtemps peut-être, mais un jour viendra où elles se confondront.

Il fait noir maintenant, je n'ai pas encore allumé et j'écris presque à tâtons, mais je sens mieux ta présence et combien je t'aime.

André

40. *Dimanche 21 juillet 1946*

Gerda chérie,

Je suis revenu à Saintes aujourd'hui et j'ai trouvé deux lettres de toi. Ce soir je vais, à nouveau, écrire au ministère de l'Intérieur. J'ai toujours espoir, peut-être qu'enfin nos désirs se réaliseront.

En ce moment, je travaille dur avec mes parents : les moissons ! Cet après-midi, bien que ce soit dimanche, nous couperons un champ d'avoine. Demain, il faudra passer les vignes au sulfate de cuivre. Mais tous ces travaux, qui font contraste avec les travaux intellectuels auxquels je suis habitué, me plaisent. D'ailleurs, l'entente est parfaite avec mes parents et tu n'es plus un sujet de discorde. Tu ne l'as d'ailleurs jamais été ; il y avait, seulement, un peu de mécontentement : tout cela est disparu…

Oh ! combien je serais heureux de t'avoir auprès de moi maintenant ! J'ai mis propres tous les alentours de la maison, j'ai planté des fleurs nouvelles. Maintenant, je vais me mettre à la recherche de peinture, car, depuis 7 ans, à cause de la guerre, rien n'a été repeint, et tout en a grand besoin. Puis je ferai laquer l'auto, afin que tout soit beau et propre lorsque tu viendras.

Ce matin, un camarade, qui avait besoin de venir à Saintes, m'a donné un peu d'essence. Ainsi, nous avons pu venir ici en auto ; dans quelques instants nous allons repartir. J'ai tes lettres, j'ai mis mes affaires en ordre. Je ne reviendrai pas sans doute avant la semaine prochaine. Mademoiselle Gronner, qui faisait partie des troupes françaises d'occupation l'occupation en Allemagne, vient de m'écrire pour me dire que, dégoûtée, elle démissionne fin août. Je la comprends, je comprends ses motifs. Moi-même, parfois, je suis dégoûté. Quand je pense que des pauvres bougres se sont fait tuer pour arriver à un tel résultat, j'en ai la nausée. Et, nous aussi, nous croyions dans la lutte pour la liberté, pour le droit, pour que chacun soit plus heureux. Hélas, le nazisme et le fascisme renaissent, le capitalisme est plus fort que jamais ! On salue bien bas ceux qui ont fait fortune pendant la guerre, pendant que les copains se faisaient tuer ou mouraient dans les camps, pendant que nous, toi, moi, les autres, étions à la merci du premier policier à qui nos propos ou notre conduite ne plaisaient pas. Les gens ne savent pas juger sainement : ils ne voient pas qu'on les mène, qu'on les passe dans l'engrenage et qu'un jour ils seront broyés. Et toujours, emportés par un idéal factice qu'on fait miroiter à leurs yeux, ils se jettent les uns sur les autres. Pendant ce temps, les grands de chaque pays se ménagent entre eux et, quel que soit le gouvernement, on retrouve toujours les mêmes puissants. Le peuple est las de souffrir, nous sommes las de souffrir, nous voulons de la propreté et de la liberté. Nous ne voulons pas que le sacrifice de milliers d'êtres, de millions d'êtres qui sont morts pour cette liberté, soit vain. Il faut que chacun réagisse, que chacun fasse effort et chasse impunément les trompeurs. Nous voulons être libres et heureux, aimer librement, travailler librement. Oh ! nous sommes las de souffrir, et surtout de souffrir inutilement. On accepte sa souffrance, on l'aime même, si l'on sait qu'elle sert à quelque chose, que cette souffrance-là est, pour d'autres, créatrice de joie, qu'elle aide le monde à devenir meilleur. Oui, alors on accepte la souffrance. Mais lorsqu'on s'aperçoit qu'on reste parmi les éternels esclaves, que le bon plaisir de quelques-uns jette sans cesse les uns contre les autres dans une lutte ignoble, alors gronde la révolte. Nous avons lutté contre le fascisme et nous avons cru en la liberté. Ah *Gerdalein*, Liberté, Amour, ces mots sonnent doux à mon cœur ; ils sont ma vie… Mais parfois, vois-tu, j'ai bien mal. Lorsque je vois, ici, des femmes qui ont trompé leur mari prisonnier, qui ont mené une vie inqualifiable avec des chefs nazis notoires, qui ont fait envoyer – indirectement – bon nombre de leurs voisins dans des camps de

concentration, quand je vois ces femmes-là (qui ont su, au bon moment, tourner casaque) saluées, respectées, entourées, alors qu'on ne te permet pas, à toi qui es pure, qui es franche et qui es bonne, de venir vers moi, alors le dégoût me prend et j'ai honte. J'ai honte de tous les hommes, du monde entier, de notre pauvre humanité si laide.
Et puis je pense qu'il y a quand même encore, par le monde, des êtres bons et compréhensifs, et qu'il faut les aider dans le combat qu'ils mènent… Je me reprends à espérer, à croire et, de nouveau, je retrouve en moi la certitude de te retrouver et de vivre auprès de toi.

André

41. *Samedi 27 juillet 1946*

Samedi 27-7-46

Gerda chérie,
Je suis rapidement revenu faire un tour à Saintes hier soir afin de voir si j'avais du courrier et j'ai trouvé ta lettre du 26 juin ainsi qu'une lettre de l'officier chargé du service social me disant ton inquiétude au sujet de ton rapatriement sans cesse différé. Je viens de lui répondre en lui expliquant que je suis moi-même très peiné de ce retard et que je lui serais extrêmement reconnaissant s'il pouvait hâter un peu ton entrée en France.
Je suis donc venu hier soir à Saintes et c'est de Saintes que je t'écris. Hélas, cette fois-ci, c'est à bicyclette que j'ai dû venir, car je n'ai plus d'essence. J'étais parti assez tard, ayant aidé mon père dans un travail assez rude avant de partir. La malchance voulut qu'en cours de route j'eusse ennui sur ennui. Ma chaîne coupée, une roue en mauvais état… enfin je ne suis rentré que très tard ici, harassé. Le pis est que, ce matin, à mon lever, je me suis aperçu que l'un de mes yeux, ayant sans doute pris froid, était tout gonflé et pleurait, pleurait, pleurait ! Aussi c'est un demi-borgne qui t'écrit en ce moment
Pourtant, il faut que je me hâte de rentrer à la maison, car j'ai beaucoup de choses à faire encore, en particulier me mettre à la recherche de quelques litres d'essence pour pouvoir emmener demain dimanche toute la famille à la pêche aux huîtres. Mon Dieu que je serais heureux si tu pouvais être là aussi, *Gerdalein* : tu verrais quelle joie on a de courir dans l'eau, à détacher du rocher et à gober ensuite les huîtres délicieuses. Il faut un peu d'habitude, sinon on s'écorche les doigts !

Mais bah ! Cela viendrait vite et si tu étais trop paresseuse, tu aurais toujours la ressource de manger celles que je pêcherais.
Mais tu ne seras pas là et, aussi heureux que je sois d'être avec ma famille, ma joie ne sera pas complète. Pourtant, j'espère que, bientôt, nous n'aurons plus tous ces regrets, que, bientôt, tu seras là : j'espère, l'espoir est tenace en moi, indéracinable ! Parce que, cet espoir, c'est ma vie et que, si je le perdais, je perdrais du même coup le goût de vivre.
Gerdalein, je te remercie pour ta lettre en français. Tu ne dois pas croire que tes lettres en français soient tellement mauvaises, au contraire je suis étonné à chaque fois de voir que tu possèdes assez bien la langue écrite. Continue à travailler, Gerda chérie, et, dès ton examen passé, si tu ne peux venir immédiatement vers moi, spécialise-toi en français : je compte là-dessus pour simplifier bien des choses. Alors, je t'en prie, essaie, fais effort et espère, même s'il nous faut attendre encore un peu avant de nous retrouver. Olga Gronner m'écrivait ceci : « Votre persévérance ne peut manquer de vous rapprocher tous deux ». Oui, *Gerdalein,* il nous faut être persévérants, jamais découragés, toujours prêts à tenter de nouveau quelque chose. À force de lutter, nous finirons par vaincre. Il suffit, vois-tu, de désirer ardemment nous retrouver, de savoir que cela seul compte et de croire éperdument en cette rencontre… un jour viendra qui nous apportera cette joie.
Et maintenant, passons à la correction de quelques fautes. On ne dit pas : « mon mal français », mais « mon mauvais français ». Les participes passés des verbes du premier groupe (type chanter ou aimer) prennent « é » ; exemple de ta lettre : « d'être obligé » et non « obliger ». Autre phrase, on dit : « j'ai l'espoir de pouvoir aller me baigner ». « Bombe » en français est féminin, donc on dit « elle » lorsqu'on remplace le nom par un pronom. On pense que la guerre est finie (et non pas « soit ») ; mais on dit : « je ne pense pas que la guerre soit finie ». Un petit bout de phrase très mauvais : « je suis curieuse de ta délice » ; on écrit en français : « je suis curieuse de connaître ton (ou tes) délice(s) ». Une petite erreur : on ne dit pas : « il ne faut pas juger avant avoir goûter », mais : « il ne faut pas juger avant d'avoir goûté ». Attention « envie » n'est pas du masculin, mais du féminin (tu sais bien que seules les femmes ont des « envies ») ; aussi dit-on : « j'ai une envie folle » et non pas : « j'ai un envie fou ». C'est tout, absolument tout, tu vois que ce n'est pas énorme pour une lettre de 4 pages ! Continue à bien travailler, Gerda mienne, à lire beaucoup aussi, si tu peux. C'est encore la meilleure façon d'absorber la langue, de s'en imprégner et de la comprendre.

Et surtout, surtout, ne te décourage pas, mon amie chérie, sois sûre qu'un jour nous réunira et que ce jour est proche. Je ne veux pas de doute, pas de découragement : tu sais bien que, même dans les pires moments, nous avons toujours eu un peu de veine ! Mais cette chance il faut la mériter. Il ne faut pas tout abandonner sous prétexte que les lois sont mal faites et la société mal construite : il faut savoir attendre… Mais non pas attendre passivement, sans rien dire, sans rien faire. Non, il faut tout essayer, tout tenter, et surtout ne jamais désespérer. Jamais je ne désespérerais, Gerda chérie, car toi seule es ma joie et ma vie.

André

42. *Samedi 27 juillet 1946*

Saintes, le 27-7-46

Gerda chérie,

Tout seul à Saintes aujourd'hui. Je suis venu chercher mon courrier hier soir, tard. J'ai eu ennuis et accidents ; rien de grave, mais je suis arrivé ici alors qu'il faisait nuit déjà. J'ai été récompensé, puisque j'avais une lettre de toi, une lettre en français même ! J'avais aussi une lettre de l'officier chargé du service social qui me demandait des renseignements. Comme j'étais très fatigué, je me suis levé tard, et avec un œil malade tout rouge et qui pleure. Sois sans inquiétude, ce n'est pas grave : un peu de froid seulement.

Ce matin j'ai répondu à l'officier. J'ai répondu à ta lettre aussi et t'en ai donné le corrigé. Elle était d'ailleurs excellente : 4 ou 5 fautes à peine dans 4 grandes pages. Bravo, Gerda chérie, continue, tu sais combien je me réjouis de tes progrès en français. Tu sais combien aussi je compte sur cela pour faciliter ton retour ici ! C'est pourquoi je te demande, aussitôt ton examen, de te spécialiser en français : fais-le, je t'en prie, cela peut beaucoup nous aider. Sans doute cela est-il un peu difficile, mais enfin fais le maximum de ce que tu peux faire !

Pour moi, ici, c'est assez facile. Souvent, en travaillant à la campagne, je suis en contact avec des prisonniers allemands qui se réjouissent de trouver quelqu'un qui parle leur langue. Avant-hier encore j'ai parlé tout l'après-midi avec un jeune gars (21 ans) dont toutes les idées politiques se bornent à une seule : réaliser une amitié franco-allemande pour obtenir un équilibre en Europe. C'est évidemment une conception ; je préférerais une amitié internationale. Est-il donc impossible que les rapports deviennent cordiaux entre les nations ? J'ai parlé de tas de

choses avec mon prisonnier et j'ai eu le plaisir de constater que ma conversation était encore fort bonne. Il m'a même trouvé l'accent berlinois, à cause des « *Kuck mal* [124] » et des « *Weisst de*[125] ».
C'est qu'en ce moment je travaille dur aux champs : j'ai abandonné pour l'instant tout travail de classe, 9 mois m'ont suffi. Aussi maintenant, du matin au soir, suis-je dans les champs pour les moissons ; on travaille dur, on est brûlé par le soleil, on sue, on boit beaucoup, on mange plus encore et le soir on se met au lit las, fourbu, mais vaguement heureux d'avoir bien rempli la journée.
Ce n'est pas bien sûr la vie idéale, il manque évidemment… l'essentiel : toi. Car j'aimerais, le soir lorsque je rentre et que le dîner se prolonge longtemps dans la nuit qui tombe, avoir tes yeux pour m'y reposer, ta main dans la mienne, et ton sourire, et tes baisers.
Tout cela je le demande à la petite image qui sourit paisiblement dans le coin de ma chambre ! Mais quand même c'est un peu froid, ce carton noir et blanc…
Et puis les dimanches et les jours creux sont abominablement tristes : j'essaie de lire, de jardiner, rien ne va. Gerda, Gerda chérie, pourquoi mon Dieu, ne pouvons-nous pas être ensemble ? J'ai emporté avec moi un gros paquet de tes lettres et, durant les heures trop longues, je les relis, mais même cela ne me donne pas l'apaisement.
Tout te rappelle à moi. Les camarades qui m'écrivent, Jacquier surtout. Je sais qu'il est en correspondance avec la bonne femme d'en haut, mais si elle croit que c'est pour elle, uniquement, elle se trompe. Il a appris que sa petite fiancée russe doit être quelque part derrière Landsberg et il voudrait avoir un pied-à-terre à Berlin, quelqu'un qui puisse servir d'intermédiaire et l'aider ; je crois que c'est pour cela qu'il écrit à la Metschke. Maintenant, je peux me tromper : il est toujours difficile de savoir l'exacte vérité avec Fernand.
Toujours de bonnes relations aussi avec Henri qui continue son travail sur les chemins de fer et qui vit seul avec sa mère. Henri a toujours pour toi une grande admiration doublée d'un grand respect et il souhaite ardemment lui aussi que nos projets puissent enfin se réaliser.
Bonnes nouvelles de Giraud (ne sois pas jalouse, c'est Madame Giraud qui m'écrit et qui s'informe de toi).

---

124 Vois-tu
125 Sais-tu

Aubourg est muet depuis quelques semaines : gros travail, les moissons ! Les autres, peu à peu, s'estompent dans la nuit des temps.
Je te remercie pour tous les renseignements que tu m'as donnés sur Ahrensfelde. Cela m'a fait rudement plaisir. Quand on a vécu 5 ans dans un milieu, on aime savoir ce qu'il devient. Il ne me semble pas que j'en sois parti depuis plus d'un an : j'ai l'impression d'avoir été quelques jours absents, comme lorsque j'allais passer les fêtes à Bad Freienwalde. Sais-tu que j'avais malgré tout toujours un peu peur au retour qu'on ait constaté ma disparition !
Ah ! Gerda, si tu savais combien je suis près de toi, combien sont nombreux les liens qui nous lient, comme ils sont étroits et forts, c'est peut-être ce petit peu de ton sang qui coule en moi : te souviens-tu de cet échange ? Tu es en moi, tu es ma vie même *Gerdalein.* Quand tu écris en français, j'entends le son de tes mots avec cet accent un peu chantant, un peu différent du nôtre, et alors il y a je ne sais quoi qui remue en moi : c'est à la fois douloureux et merveilleux et je voudrais pleurer de joie et de douleur. Gerda chérie voici venir des jours plus heureux, une vie nouvelle. Je sens cela en moi, je sais que nous allons l'un vers l'autre. Ne désespère pas Gerda chérie. Fais confiance aux jours qui viennent et à notre amour.

André

43. *Jeudi 8 août 1946*

La Ramigère le 8 août 1946

Gerda chérie,
C'est un pauvre malade qui t'écrit aujourd'hui. Sois sans inquiétude, la maladie n'est pas grave mais bien douloureuse : un grand mal aux dents. Il faut te dire que, depuis 15 jours, je travaille dur, très dur même aux moissons. Or avant-hier j'ai eu un peu mal aux dents, j'ai continué à travailler quand même. Hier le mal était plus violent, mais, ayant promis à un voisin d'aller l'aider, je n'ai pas voulu rester à la maison ; or le temps était mauvais et le vent violent : j'ai eu mal tout le jour à en pleurer ! Et ce matin j'étais tout fiévreux, si bien que je suis resté au lit. Ma tête est légèrement dissymétrique et je n'ai pas très bel aspect. J'ai pris plusieurs cachets et comprimés, j'ai fait des compresses et me voilà ce soir un peu plus gaillard.
Avec tout ce travail je suis un peu en retard pour t'écrire, mais comme tu auras deux lettres qui se suivront de plus près, tu ne t'en plaindras pas quand même. Peut-être te demandes-tu pourquoi les moissons

donnent ici tant de travail : c'est qu'elles sont un peu autres qu'en Allemagne. Nous coupons le blé et la machine le met en gerbes, puis ces gerbes sont réunies par tas de 17, 19 ou 21 dans les champs de telle façon que s'il pleut les épis ne soient pas mouillés. Quelques jours après on passe avec des charrettes – ces fameuses charrettes à deux roues qui étonnent fort les Allemands – et on charge les gerbes qui sont réunies à la ferme en un énorme tas nommé « gerbier ». Ce gerbier atteint parfois 10 ou 12 mètres de haut et tu dois bien penser que, pour faire passer les gerbes à cette hauteur, c'est un fameux travail ! Le blé reste ainsi, bien à l'abri de la pluie grâce à la construction pointue du gerbier, et 15 jours, 3 semaines ou un mois plus tard, on le « bat à la machine ». Une quarantaine d'hommes se rassemblent et, en un jour ou deux, on bat ainsi des dizaines de milliers de gerbes. Ici on en est encore à la construction du gerbier qui aurait été terminé ce soir si j'avais pu travailler. Malheureusement…

Te voilà maintenant au courant de mon travail ; on commence à 5 heures du matin, on finit le soir à 9 heures et bien peu de repos au cours de la journée. Comme j'aide à plusieurs voisins, je n'ai jamais fini. Quand l'un a terminé, l'autre me demande : une vie de forçat te dis-je ! Mais n'est-ce pas le meilleur moyen de voir les jours filer plus vite ?

J'ai reçu, en deux jours, trois lettres de toi, dont l'une m'apprend ton succès à l'examen avec la mention « bien ». Ah ! *Gerdalein,* je savais bien que tu réussirais, mais je suis bien heureux malgré tout d'en avoir maintenant la certitude. Il faut maintenant que tu te spécialises en français. Tu dois dire que je radote de répéter ainsi toujours la même chose, mais je t'assure que c'est réellement nécessaire et que cela facilitera énormément ta venue en France.

Gerda chérie, je sens maintenant que ce jour est proche, c'est comme une sorte de pressentiment en moi : oui tu seras bientôt ici. Personne n'a plus d'opposition à faire. Mon père même, depuis qu'il travaille quasi journellement avec des prisonniers allemands, se déclare enchanté d'eux et leur donnerait jusqu'à sa dernière cigarette. Tu seras ici la bienvenue et pour moi la vie prendra un sens. Que veux-tu, *Gerdalein,* sans toi je n'ai le goût de rien, je continue à vivre « en prisonnier » sans confort, au jour le jour, sans intérieur, sans « chez moi ». Ma mère s'en inquiète. J'ai quelques économies, nous pourrions acheter des tas de choses. Peu à peu le commerce devient libre et on trouve mieux ce qui est nécessaire. Mais il faudrait que tu sois là. Pour moi seul je ne veux rien acheter, je n'en sens pas le besoin : il me semble que je n'ai pas encore goûté à la vraie vie.

Gerda chérie, il faut que tu viennes, c'est une chose nécessaire pour nous deux. Il faut qu'enfin les hommes comprennent cela : que nous ne pouvons pas vivre l'un sans l'autre. Mais je suis sûr maintenant que le jour de ta venue est proche… je sens cela en moi, parce que je t'aime.

André

44. *Jeudi 8 août 1946*

La Ramigère le 8 août

Gerda chérie,

Jour de grand vent. J'ai fait de la chaise longue, parce que je n'étais pas très bien portant : incommodé par un très fort mal aux dents. Depuis plusieurs jours je travaille aux moissons un jour ici, un jour ailleurs, aidant tous les voisins. Résultat : grande fatigue et fluxion dentaire qui me fait bien souffrir. Je me remets de tout cela en restant aujourd'hui la maison ; j'écris, je lis un peu, je corrige des devoirs de vacances que mes élèves m'ont envoyés. J'ai encore un peu mal, mais, bien au chaud le mal est supportable.

Voici déjà plusieurs jours que je ne t'avais pas écrit, tant j'avais de travail : le soir j'étais abruti et ne pensais qu'à dormir. Tu me pardonneras bien ces deux jours de retard puisque tu sais que toute ma pensée, toute ma vie même est avec toi.

Je me suis beaucoup réjoui, Gerda chérie, de lire que tu avais réussi brillamment à ton examen. Travaille ton français maintenant, ma chérie, spécialise-toi dans cette branche de l'enseignement : cela nous servira, sois-en sûre. Cela nous servira bientôt, car cela facilitera ta venue en France ; cela nous servira plus tard ici pour te permettre d'enseigner l'allemand dans nos classes.

J'ai un peu négligé l'allemand ces jours derniers (depuis le 14 juillet) mais, sitôt que les grands travaux vont être terminés, je vais m'y remettre sérieusement. Je suis attentivement sur les journaux les résultats de la conférence de la paix[126] ; mais elle n'en est encore qu'à

---

126 La conférence de paix de Paris s'est tenue du 29 juillet au 15 octobre 1946, et a eu pour résultat le traité de Paris, signé le 10 février 1947, fixant les conditions imposées aux anciens alliés de l'Allemagne : Italie, Roumanie, Hongrie, Bulgarie, Finlande. Le traité ne concerne pas l'Allemagne, administrée à cette époque par les Alliés, et qui ne retrouvera un gouvernement qu'en 1949.

ses débuts et elle tâtonne encore. Mais j'ai l'impression qu'au cours de l'hiver il y aura du sérieux travail de fait.
Sans doute, vas-tu faire maintenant aller faire un tour à Ahrensfelde et peut-être à Berlin ? Si tu y vas, interviens encore auprès de l'officier chargé du service social qui m'a l'air très compréhensif. C'est encore de là-bas qu'il faut attendre la solution définitive : ici, la multiplicité des bureaux fait que chaque décision demande, pour être prise, des mois et des mois. Je crois qu'enfin nous allons obtenir un résultat. Cet espoir est plus fort en moi depuis quelques jours.
La chaleur est lourde malgré un grand vent de mer ; la douleur reprend doucement. Tout est calme ici. Mon père est parti, lui aussi, aider un autre voisin. Maman se bâtit une robe. Je t'ai déjà raconté, je crois, qu'elle est couturière et, depuis que ces temps de crise ont rendu la vie difficile, beaucoup de femmes des environs la demandent pour arranger leurs effets et leur linge. Tu vois que tous deux, bien qu'ils approchent de la soixantaine, ont une vie très active !
Il est vrai que tous nos dimanches nous apportent une petite distraction. Ainsi, l'avant-dernier dimanche, nous sommes allés tous les trois sur la côte pêcher des huîtres. Nous sommes donc partis de bon matin en auto vers un petit port au bord de la Gironde, qui se nomme Talmont. Nous avons pêché deux grands paniers d'huîtres et, lorsque arriva midi, nous mangeâmes de bel appétit.
Tout à coup arriva une grosse voiture, puis une seconde, 10, 20, 30, 50… Le préfet, un représentant du ministère de la Marine, etc. Nous étions au comble de l'étonnement. Nous apprîmes alors qu'il y avait ce jour-là une grande réunion et un banquet en vue de la création éventuelle d'un port. Le pis est que ma petite voiture était complètement entourée par les grosses autos de ces messieurs et que je dus faire manœuvre sur manœuvre pour sortir de là !
Dimanche passé, ce fut encore plus simple, nous sommes allés trouver des cousins à déjeuner : une bonne journée passée en famille. Nous étions partis assez tôt, car ils habitent à une cinquantaine de kilomètres d'ici. Ils sont aussi cultivateurs et occupent un prisonnier allemand. C'est un tout jeune homme, extrêmement correct et qui est fort bien vu à la maison. Les deux petites filles, qui sont de l'âge d'Hermann, jouent avec lui, et cela lui rappelle la petite fille qu'il a lui aussi quelque part dans les Alpes (il s'est marié en 1943).
Voilà notre vie, travail et plaisirs simples, et j'en serais heureux si tu y étais mêlée.

Bientôt, oui bientôt, j'en suis sûr, tu seras ici et nous serons heureux ensemble, aussi heureux qu'on peut l'être… car, à force de peine, nous aurons mérité notre joie.

André

45. *Jeudi 15 août 1946*

La Ramigère le 15 août

Gerda chérie,

Jour de repos. Le 15 août est ici jour de fête. Je ne sais même plus à quoi cela correspond : l'essentiel est que ce soit jour de repos !

Depuis 15 jours que nous sommes aux moissons, je suis littéralement harassé. Enfin, c'est terminé ; nous avons eu un temps splendide, trop chaud même. Maintenant, il semble que la pluie veuille venir, et ce serait temps, car tout est sec, sec et les gens qui ont des jardins se plaignent !

Cet après-midi, comme nous ne travaillons pas, nous avons décidé d'aller à nouveau à une vingtaine de kilomètres d'ici pêcher des huîtres. Nous avons perçu un peu d'essence (20 litres), c'est peu mais enfin, cela permet de faire à peu près 200 kilomètres. Il semble que tout doucement les choses reviennent sur les marchés ; malgré tout on se ressent encore beaucoup – surtout dans les villes – de la guerre. Le prix de la vie a considérablement augmenté et nous subissons une sorte de petite inflation, non déclarée, mais qui existe (la vie coûte environ 8 fois plus cher qu'avant guerre). Malgré tout, comme mes parents produisent, ils ne sont pas très touchés par cet état de choses et, comme je suis souvent à la campagne, je suis encore parmi les privilégiés.

Gerdalein, cette semaine je n'ai rien reçu de toi. J'attends toujours avec une petite émotion le passage du facteur ! Je suis aussi attentivement dans les journaux les travaux de la conférence de la paix : il semble que les gens ne soient pas encore bien d'accord. Pourtant, mon Dieu, après tous ces cataclysmes, tout le monde pourrait être un peu raisonnable ! Il faudrait que dans tous les pays la masse du peuple se refuse à être traitée en bestiaux. Chacun a comme droit imprescriptible le droit à la vie. Personne n'a le droit d'imposer aux autres d'aller se faire tuer pour des causes dont ils ignorent les vrais dessous ! Il faudra bien qu'un jour tous, nous tous, les petits de chaque pays, nous nous entendions pour nous tendre la main. Alors, on ne jugera pas quelqu'un sur sa nationalité, mais sur sa valeur morale. Notre union, *Gerdalein*, est le prélude d'un

tel état de choses. Je suis heureux et fier de t'avoir choisie et que tu m'aies choisi. Chérie nous nous sommes débarrassés de tous les vieux préjugés qui furent bons autrefois peut-être, mais qui aujourd'hui sont néfastes. Nous n'avons écouté que notre cœur et notre raison : nous nous sommes estimés et nous nous sommes aimés. Tout est là.
Et maintenant nous luttons pour nous retrouver. Nous luttons contre des sociétés, des lois et des hommes, contre des forces aveugles et puissantes, et nous vaincrons parce que nous avons la foi et l'amour en nous.
Gerda chérie, il faut croire en l'avenir. Notre avenir sera beau et clair parce que nous sommes dans la vérité, parce que nous ne désirons pas le mal, et parce que nous croyons dans la force de l'amour.
Gerdalein, il ne faut jamais désespérer. J'irai vers toi. Quand ? Je ne sais encore, mais je sais que nous nous retrouverons et que nos vies seront réunies, et que nous serons heureux. Oui, Gerda chérie, cela sera : j'y crois depuis 1942, depuis que je suis sûr de toi, de moi et de notre amour. Je n'ai jamais désespéré, même aux pires moments. Je ne vis pas pour le présent, mais pour l'avenir et je sais que cet avenir sera clair et heureux. Heureux parce que j'aurai retrouvé l'éclair de tes yeux, le doux poids de ta tête sur mon épaule, le collier de tes bras, parce que tu seras avec moi, près de moi, à moi.
Chérie cela sera, sois-en sûre aussi, ne désespère pas pour quelques jours ou quelques mois d'attente : nous n'en serons que plus heureux plus tard. Il y a eu tant de misère par le monde, Gerda, qu'il faut que nous en ayons, nous aussi, notre part. Nous devons l'accepter sans nous révolter, mais sans faillir : il faut toujours faire face à son sort, en être conscient et fort, et cela nous le pouvons, Gerda chérie, parce qu'un grand amour vit en nous.

André

46. *Mardi 20 août 1946*

Saintes, le 20 août

Gerda chérie,
Après trois semaines de dur labeur je me suis enfin offert quelques jours de promenade et depuis samedi (il y a 4 jours) je visite les îles qui bordent notre côte : Ré et Oléron. Ces 4 jours d'expédition se noteront pour toi par un petit retard dans mes lettres, mais comme tu as droit, toi aussi, à ta part de joie je vais te conter une journée dans l'île.

Je m'étais levé assez tôt ce jour-là : provisions à emporter, maillot de bain, short, serviette, etc. ; puis départ en autobus pour La Pallice (le nouveau port de commerce, qui grandit au nord de La Rochelle). Là on prend le bateau pour l'île de Ré. J'avais choisi une bonne place à l'avant et, penché sur l'eau, je regardais de nouveaux rivages naître et croître dans le lointain.
Deux ou trois fois nous avons croisé une épave : gros bateau de guerre coulé là au cours de la guerre et dont on aperçoit encore une partie, car entre la côte et l'île les fonds ne sont pas très bas.
Enfin, j'arrive à l'île : vite les paquets, les valises. On descend à terre et tout aussitôt commence une immense plage : des kilomètres et des kilomètres de sable fin sur lequel de petites vagues viennent mourir. Je cherche deux bâtons (le bois est rare dans ce coin) et, à l'aide d'une grande serviette je fais un petit coin d'ombre où reposer ma tête, car ici il n'y a pas de bois mais uniquement du sable, de l'herbe, des fleurs, … Et aussitôt, en maillot et à l'eau ! L'eau est tiède et bonne, mais comme elle baisse, dès qu'on s'éloigne un peu de la côte, on trouve des régions plus froides et très vite on revient vers le bord où l'eau maintenant semble merveilleusement chaude.
Mais voici qu'un grand vent se lève qui fait naître des vagues et qui chasse le sable, un vent d'ouest, un vent de mer que tu ne connais pas peut-être. Il faut transformer l'installation, car voici qu'il est l'heure de déjeuner et le vent, si on le laissait faire, mettrait du sable partout !
Alors du côté de la mer je bâtis un petit rempart de sable humide. Dessus, je plante mes deux bâtons et j'accroche ma serviette ; ainsi, bien protégé du vent, un peu brûlé par le soleil qu'on sent maintenant délicieux, je mange de bel appétit : melon, œufs durs, rôti, fromage, pêches. Alors, il ne reste plus qu'à s'allonger et, pour une heure ou deux, à tomber dans une douce somnolence.
Puis je me lève, je me mêle à un groupe qui joue au ballon, pour un peu plus tard aller encore me retremper à l'eau. Fourbu, je m'étends encore et me laisse caresser par le soleil : je crois que j'ai dormi. Combien de temps cela a-t-il duré ? Je ne sais pas, mais ce qui est sûr, c'est que lorsque j'ouvris les yeux j'étais à peu près seul sur la plage : tous les gens s'étaient dirigés vers le lieu où accoste le bateau, car il allait partir. Une certaine histoire qui nous arriva une fois me revint en mémoire et c'est à toute vitesse que je pliais bagage ! J'arrivai encore bien à temps, mais j'avais eu chaud.
Ce soir-là, la mer était plus houleuse que de coutume : le bateau dansait. Je me sentais bien : j'étais heureux… mais tu n'étais pas là, Gerda. Tu

n'étais pas là et ma joie n'était pas totale. Mon Dieu quand donc viendras-tu ? Je suis toujours sans nouvelles. Mes lettres sont demeurées sans réponse. Gillette, qui a quelques amis en politique, va m'aider à essayer encore une nouvelle démarche : je dois la rencontrer dans une dizaine de jours et aussitôt nous allons tenter la chose.
Ce qu'il faut, Gerda, c'est que toi, de ton côté, tu ne désespères pas, que tu aies confiance… Je sais que c'est long, des jours et des jours à attendre, mais, Gerda, la récompense sera belle : toute une vie ensemble, toute une vie d'amour, de joie…
Pense à cela ma Gerda. Pense à moi qui t'attends, songe que nous sommes l'un à l'autre et que c'est notre vie à tous deux qui est en jeu. Non pas notre vie matérielle sans doute, mais notre bonheur, tout ce qui remplit, tout ce qui fait vraiment la vie belle et digne d'être vécue.

André

47. *Mardi 20 août 1946*

Saintes le 20 août 1946

Gerda chérie,
Il y a des gens qui ont de la chance. Plus de chance que nous. Je viens d'apprendre qu'un jeune homme demeurant à Royan (ville assez près d'ici, sur la côte) vient d'avoir la joie de retrouver sa fiancée qui vient d'Allemagne. Mais – il y a un « mais » – eux avaient un bébé et, qui mieux est encore, la jeune fille était dans la zone d'occupation française ! Ils viennent de repartir en voyage pour quelque temps ; dès qu'ils seront de retour, je vais essayer d'aller les voir et de leur demander comment ils ont fait. Je connais déjà la réponse : zone d'occupation française, cela signifie une plus grande facilité de rapatriement !
Dès que j'ai connu cette nouvelle cela m'a fait à la fois de la peine et de la joie. Peine oui, car elle, cette jeune fille, avait réussi à venir trouver son fiancé, alors que toi tu es encore là-bas, si loin de moi. Mais joie aussi, car mon espoir a grandi : si l'une a pu venir, les autres, peut-être, un peu plus tard, pourront venir aussi. Ah *Gerdachen*, quelle joie ce serait de te retrouver !
Le jeune homme en question est le frère d'une amie de ma jeune cousine chez les parents de laquelle je loge (attention à la grammaire de cette phrase). Et elle était justement chez son amie lorsque la jeune allemande arriva. Il y eut d'abord un moment de gêne, car la jeune femme ne connaît pas le français. Mais la fille de la maison (l'amie de ma cousine)

apprend en ce moment l'allemand à l'école et, bientôt, à bâtons rompus, la conversation s'engagea. Cette jeune fille et ma cousine, bientôt mises en confiance, passèrent le reste de l'après-midi en promenade avec la jeune allemande, à essayer de parler allemand et il semble que tout doive aller très bien.
Peut-être, peut-être un jour viendra-t-il où tu viendras ainsi. Nous arriverons tous deux, car je serais allé te chercher ; pour toi, ce sera beaucoup plus simple, car tu comprends le français et tu le parles aussi. Nous serions si heureux tous deux.
Dans une précédente lettre je te racontais un court voyage que j'avais fait dans les îles. Ce soir je rentre à Mortagne, car, d'ici quelques jours, il me faudra « battre à la machine », battre le blé s'entend. C'est ici un gros travail, car on bat avec de très grosses machines et il y a toujours une quarantaine d'hommes qui travaillent à la fois.
Au début de septembre j'aurais, je l'espère, un peu de repos que je veux consacrer, aidé par Gillette, à tenter une autre démarche. Peut-être qu'à force de lutter, nous finirons par triompher des évènements !
Plus tard, fin septembre, viendront les vendanges et ensuite une autre année scolaire commencera. Je suis maintenu à la même place, mais cette fois-ci comme « titulaire », c'est-à-dire possesseur du poste, alors que l'année dernière on pouvait encore me changer de place. J'aime mieux cette nomination définitive : ainsi, j'ai davantage l'impression que mon travail peut servir.
C'est intéressant, sais-tu, de modeler de jeunes têtes de 15, 16, 17 ou 18 ans. C'est plus simple, plus souple, plus enthousiaste que des hommes. On sent que quelques-uns, tout au moins, ont besoin de vérité, qu'ils l'aiment, qu'ils la cherchent. Ils ont encore une sensibilité neuve, une âme neuve et notre véritable rôle à nous autres, éducateurs, n'est pas tant de modeler cette âme, de la façonner à notre guise, que de l'aider tout simplement à s'épanouir, à épanouir tout ce qu'il y a en elle. Tous les êtres ne sont pas semblables et ce serait une erreur grossière de vouloir imposer à tous une seule voie : chacun a sa valeur propre, spéciale, caractéristique. Il faut découvrir en lui ce qui justement est le meilleur et c'est cela qu'il faut développer. Ce n'est pas simple, surtout lorsqu'on a une classe assez nombreuse, mais enfin l'effort vaut d'être tenté.
Et lorsque tu seras ici, près de moi, tu m'aideras et nous essaierons de faire ensemble de la belle besogne : c'est peut-être la meilleure façon de remercier Dieu et d'aimer les hommes.

André

48. *Samedi 24 août 1946* 46-236

La Ramigère le 24 août

Gerda chérie. J'ai reçu récemment les trois lettres que tu m'écrivis presque à la suite et qui m'apprenaient ta déception, mais aussi ta confiance en l'avenir. Oh ! *Gerdalein,* je les redoutais un peu ces lettres et je suis heureux, si heureux, ma Gerda, de voir que tu as réagi comme quelqu'un de fort, qui sait ce qu'il veut et ne se laisse pas abattre. Gerda, je suis content de toi, si je pouvais t'aimer davantage, je le ferais, je suis heureux et fier que tu m'aimes…

Ce soir je suis bien fatigué encore. La nuit passée maman a été malade ; elle arrive à un âge (53 ans) où les malaises physiques sont fréquents. Nous appelons cela vulgairement le retour d'âge et les médecins disent « la ménopause ». Les malaises physiques s'accompagnent chez maman de troubles nerveux : elle ne peut dormir et a d'effrayants cauchemars. Nous avons dû nous lever la nuit passée pour la calmer. Ce matin, le docteur est venu ; j'ai dû courir un peu partout pour chercher des remèdes (car toutes les pharmacies ne sont pas très bien approvisionnées). Maintenant, le soir de cette nouvelle journée est venu. Maman est couchée après avoir pris ses cachets et ses gouttes ; papa et moi nous veillons un peu afin qu'elle puisse dormir tranquillement, sans que le bruit que nous pourrions faire vienne la gêner. Papa fait de la lecture et moi je t'écris.

Gerda chérie, je suis avec toi. J'ai lu attentivement les deux lettres où tu me parles de tes projets d'études : je suis complètement d'accord avec la deuxième, c'est-à-dire ne pas quitter ton poste, rester à Dannenberg, mais utiliser tous les moyens qui peuvent te permettre d'améliorer ton français. Peut-être te demandes-tu pourquoi j'insiste tant : je t'ai déjà dit, je crois, que cela peut nous aider beaucoup à nous rencontrer, mais ce sera aussi très important quand tu seras ici. Je m'explique et je te demanderai, *Gerdalein,* de bien me comprendre, c'est-à-dire de ne pas interpréter faussement mes paroles. Tout d'abord, un point : en face d'amis ou de gens intelligents je n'aurai jamais peur de dire que tu es allemande, qu'en dépit des lois et des frontières nous nous sommes aimés et que nous sommes tout l'un pour l'autre. Malheureusement, tous les hommes ne sont pas intelligents et bons. Il en est qui sont bêtes, d'autres qui portent de la haine en eux (cette haine peut être ou ne pas être justifiée, mais elle existe). En face de ces gens-

là, il est mieux de ne pas afficher ta nationalité, ce serait attirer sur nous, inutilement, des colères.
Or je ne veux pas que tu souffres quand tu seras ici. En résumé, lorsque nous serons mariés, pour le petit groupe de nos intimes et nos amis, tu seras *Gerdalein,* la jeune Allemande sympathique qui m'aima alors que j'étais encore prisonnier. Pour les autres, les méchants, les haineux, les imbéciles, tu seras Madame Lacaze, une inconnue qui ne se distingue pas des autres puisqu'elle parle le langage de tous et à qui on n'a aucun sujet d'en vouloir. Est-ce que tu me comprends *Gerdalein* ? Il ne faut pas qu'inutilement, bêtement, nous nous attirions des ennuis.
Ceci dit, *Gerdachen*, je veux encore te dire pour te donner courage que depuis hier j'ai tenté deux nouvelles démarches et que la semaine prochaine avec Gillette nous allons essayer « un grand coup ». Il faudra bien qu'un jour ou l'autre on nous donne satisfaction. Il faudra bien qu'un jour on nous permette d'aller l'un vers l'autre et de nous unir.
Gerda, je suis d'accord avec toi, encore, lorsque tu dis que nos lettres doivent maintenant servir davantage un but pratique. Dès demain je vais commencer « mon cours de français pour Mademoiselle Matting », afin que ma femme soit plus heureuse ici, qu'elle ne souffre jamais et qu'elle puisse jouir en toute quiétude de tout l'amour que je lui donnerai.

André

49. *Dimanche 25 août 1946*

La Ramigère dimanche 25

Gerda chérie,
Malgré le temps assez mauvais, nous sommes allés en auto à une dizaine de kilomètres d'ici pêcher l'anguille : c'est presque la sortie hebdomadaire. Nous en retournons assez las, mais tout imprégnés de cette odeur d'algue et de sel qui vivifie. Le dîner cuit. Dans une heure nous partirons au théâtre. Tout cela est fait surtout pour égayer maman qui fait de l'anémie cérébrale, de la psychasthénie comme disent ces messieurs les docteurs ! Lorsqu'il est venu hier, il nous a fort recommandé de la sortir, de l'emmener en promenade ou au spectacle. Il faut surtout éviter qu'elle ne reste seule renfermée, en tête à tête avec ses idées noires. Son tempérament est assez triste et il faut éviter à tout prix qu'elle ne suive ce penchant-là. Tu vois que pour ce dimanche nous avons suivi les prescriptions du médecin !
Sais-tu, hier, comme nous parlions ensemble je lui disais en plaisantant : « Pourquoi t'ennuies-tu ? Tu es heureuse ici, tu as ta maison, tu fais le

travail que tu veux, nous sommes près de toi ». Réponse : « Oui, mais tu sais bien qu'il me manque quelque chose ». En effet, je sais qu'elle désirerait que je sois marié pour lui donner des petits enfants ! Alors *Gerdalei*n tu vois bien qu'il faut que tu viennes, puisque tu es la seule que je puisse épouser.

Mais je m'arrête, Gerda chérie, ou plutôt, selon ton conseil, je reviens vers des choses plus pratiques, puisqu'il est entendu une fois pour toutes que je t'aime, que tu m'aimes et que tous nos désirs, toute notre volonté, toutes nos activités tendent vers un ultime but : nous retrouver. Ceci dit, passons à l'ouvrage. Tu peux apprendre le français théorique, le français écrit dans les livres. Je ne veux donc que suivre la vie courante dans tous ses petits détails. Il est bien entendu que, si quelque chose n'est pas clair, tu me le signales.

On rencontre une personne dans la rue. Dialogue :

(Questions politesse et famille)

– Bonjour madame (ou monsieur)

– Bonjour monsieur (ou madame)

– Comment allez-vous ?

– Très bien, merci, et vous-mêmes ?

– Vos enfants vont-ils toujours bien ? Votre petite fille n'a-t-elle pas été malade ? Votre mari est toujours occupé, n'est-ce pas ?

(Autres sujets)

– Le temps demeure mauvais. Les beaux jours reviennent. On commence à se lasser de la pluie. Les premiers froids arrivent. Les nuits sont froides. Les jours raccourcissent. Le baromètre monte (temps clair).

– Le ravitaillement est encore mauvais. Le poisson vient d'arriver. Y a-t-il de la viande chez X. ? La boulangerie est fermée. On trouve de la morue chez Y. Il y avait beaucoup de fruits au marché. On donne les nouvelles cartes d'alimentation à la mairie.

– Chez Z., on trouve de belles étoffes. Nous reste-t-il encore des points de textile ? Vous pourriez faire teindre votre robe en bleu. Les manches bouffantes se font beaucoup cette année, les poches très larges aussi.

– Avez-vous vu le dernier film ? Les artistes sont épatants. La mise en scène est excellente. Les décors sont très bons. Demain, nous irons au théâtre. La pièce est quelconque, mais la troupe (d'acteurs) est réputée. L'opéra me lasse un peu. J'aime beaucoup l'opéra-comique.

(La conversation terminée se quitte ainsi)

– Excusez-moi madame (monsieur) mais je dois vous quitter mon mari m'attend. Ou bien : j'ai encore beaucoup de courses à faire. Au revoir, madame.

Dès que tu auras commencé à recevoir ce genre de lettres, il faudra les transformer légèrement, car dans tout ceci il y a beaucoup de phrases que tu serais capable de construire toi-même. Il faudrait donc que tu me signales, en allemand, un certain nombre de phrases dont tu ne connais pas l'équivalent en français. Autrement dit, il faudrait que tu imagines toi-même un dialogue, que tu voies ce que tu sais et que tu m'indiques ce que tu ne sais pas.
Je termine ma lettre alors qu'un oncle est là et parle ; aussi, pardonne ce que ma lettre a d'un peu décousu.
Et surtout, *Gerdalein*, sois confiante ; tout mon amour va vers toi et vers toi seule. Je t'aime ma chérie.

André

50. *Samedi 31 août 1946*

La Ramigère le 31 août

Gerda mienne,
C'est la fête ici à Mortagne, la fête annuelle qui dure les 30 et 31 août et, cette année exceptionnellement le 1er septembre, car c'est un dimanche. Triste fête : il pleut. Il pleut jour et nuit, à croire que toutes les écluses du ciel sont ouvertes. Les routes sont sales, les gens se terrent chez eux et comme, malgré tout, c'est la fête, on s'ennuie à ne rien faire. Personnellement, ma vie ne change guère.
Hier matin j'ai aidé maman qui n'est pas encore très solide.
Hier soir nous avons pris l'auto pour aller à la fête. Nous y sommes restés deux heures peut-être, puis nous sommes revenus ici et nous nous sommes couchés très tôt, plus tôt que de coutume, car nous ne savions que faire.
Ce matin, j'ai corrigé quelques devoirs de vacances pour mes élèves (cours par correspondance).
Peut-être retournerons-nous à la fête après le déjeuner. On y va comme par devoir, parce que c'est la fête d'un petit pays, et qu'elle ne revient que tous les ans…
Mais la pluie est là qui continue à tomber par averses brusques comme si elle ne devait jamais s'arrêter.
Des parents devaient venir nous rendre visite. Cela aurait distrait maman, mais un télégramme vient de nous apprendre qu'ils ne peuvent venir.

Tout est morne. Tout est triste et tu n'es pas là ! Malgré tout, les gens s'amusent. Le bal, que je n'ai fait qu'entrevoir, y allait gaiement de sa musique entraînante et, parce que les couples tournaient, j'avais plus mal en moi de te savoir si loin.
Gerda chérie, qu'il ferait bon t'avoir ici. Le grand noyer (un arbre que tu aimes) devient immense : on dirait qu'il veut se faire plus beau encore pour mieux te plaire quand tu viendras. Les pêches sont mûres et délicieuses et je voudrais que tu les manges avec moi en mordant à belles dents, l'un après l'autre, comme nous faisions autrefois ! Il y a encore des roses, quelques-unes, et qui semblent plus belles : « *'Tis the last rose of summer*[127] » ! Un vieux pommier aussi tout garni de petites pommes rouges lavées de pluie et luisantes. Il y a tant de choses qui t'attendent ici…
Je m'arrête pour ne pas être trop triste et puis parce qu'il faut bien passer à des choses plus pratiques et te donner le « cours » promis. Alors, nous allons te faire passer chez différents marchands.
Chez le boucher : tu rentres, tu salues les gens d'un « Bonjour, messieurs dames » général, et tu attends bien patiemment ton tour. La serveuse demande « Vous désirez, madame ? » : « Un morceau de beefsteak, ou deux côtelettes, ou un bouilli, ou un morceau de foie » … « Combien, environ ? » demande la serveuse : « Environ une livre, 300 grammes, un kilo », selon ton désir, ou bien « pour une centaine de francs ». On te sert, tu remercies, tu passes à la caisse, tu payes. Nous avons des pièces de 10, 25, 50 centimes (c'est la petite monnaie), des pièces de 1, 2, 5 francs (c'est la monnaie courante), des billets de 50, 100, 500, 1 000 francs.
Pour te donner une idée du coût actuel de la vie, nous sommes payés de 60 à 100 francs de l'heure (travail supplémentaire). Le traitement fixe (le mien) est de 7 000 francs par mois, plus un logement (ou une indemnité de logement) et un supplément de 2000 francs (travail supplémentaire). Ceci pour la « recette ». Dépenses : pain, 13 francs le kilo ; viande, 150 à 200 francs le kilo ; pommes de terre, 8 francs le kilo. Avec ces quelques données, imagine la vie !
Il faut encore que tu saches qu'ici le boucher ne vend que du bœuf, du mouton, du veau, de l'agneau, etc. La viande de cochon (porc) est réservée au charcutier. Celui-ci vend saucisses, jambon, pâté, rillettes,

127 *The Last Rose of Summer* (la dernière rose de l'été) est un poème de l'Irlandais Thomas Moore écrit en 1805.

boudin, graisse de porc, côtelettes de porc, pieds de porc, etc. La viande de porc est en général plus chère que l'autre viande, surtout le jambon. Chez l'épicier : même processus que plus haut, mais là tu achètes du beurre (selon la carte), du café (½ livre ou ¼) ; bien noter qu'on dit : « donnez-moi un quart de café » et non « un quart de livre », mais qu'on dit : « donnez-moi une demi-livre de café » (le mot « café » pouvant être remplacé par n'importe quel autre nom de denrée à peser). On y achète aussi du sel, du fromage, des biscuits, du vin, des fruits (pêches, pommes, raisins, poires, oranges, bananes).
Le vin se vend au litre, les fruits au kilo, les œufs à la douzaine. On y achète aussi de l'huile (au litre ou au poids), du vinaigre, des graines (pour semer), parfois des légumes (carottes, poireaux, navets, épinards, salades, choux, etc.).
Après être passée chez ces deux importants personnages, tu peux aller faire la cuisine, à moins que les ustensiles ne te fassent défaut. Alors, il te faudrait aller chez un autre marchand et acheter une poêle, des casseroles, un pot, un gril, un faitout, une cuillère à ragoût, etc. , et pour manger : des assiettes, des cuillers, des fourchettes, des couteaux.
Et maintenant, tout est prêt : à table !
Affectueux baisers, Gerda chérie.

André

51. *Samedi 31 août, dimanche 1er septembre 1946*

La Ramigère, le 31 août.

Samedi soir, onze heures.
C'est la fête ici depuis deux jours. Fête un peu triste, car il pleut, il pleut interminablement. Pourtant ce soir il y a eu comme un sourire de soleil et les gens se sont repris à espérer, et puis c'est demain dimanche !
Tout au loin (Mortagne est à 3 kilomètres d'ici) j'entends la musique des manèges et des bals, mais j'ai trop sommeil pour me laisser tenter par ces airs de fêtes. Et puis, qu'irais-je y faire ? À 18 ou 20 ans on ne pense guère qu'à rire, danser, voler un baiser ou une caresse, mais maintenant je n'espère plus qu'une joie, celle de te retrouver… les autres n'ont guère de saveur.
Mes parents dorment et je crois que moi aussi je vais me laisser gagner par le sommeil : n'est-ce pas le meilleur moyen de me rapprocher de toi ?
Bonsoir *Gerdalein*, à demain.

Dimanche soir : la fête est terminée. Nous sommes allés y faire un tour ce soir. L'après-midi s'est passée ainsi. Maintenant, de nouveau, il est l'heure d'aller au lit.
J'attends chaque jour des nouvelles du ministère de l'Intérieur. De toi je n'ai rien eu cette semaine et je m'inquiète un peu. Au cours de la semaine qui vient j'ai encore quelques jours pénibles à avoir un gros travail, mais qui justement parce qu'il fatigue, fait passer plus vite les heures et les jours.
Ce soir, la discussion portait sur la médecine et chacun était d'accord pour reconnaître la valeur certaine des médecins allemands, en particulier dans le traitement de tout ce qui concerne les varices.
La guerre fut une affreuse chose qui a créé bien des deuils, bien des misères, bien des haines, mais elle a eu le petit avantage d'élargir l'horizon des gens. On discute couramment sur l'Allemagne, la Russie, l'Amérique ou le Japon... Ainsi, il semble qu'en dépit des haines l'homme apprend peu à peu à connaître les autres hommes et c'est une bonne chose. Ce sera tellement mieux lorsque chacun essaiera de juger par soi-même, sans tenir compte des frontières, des races, des nationalités ou de la couleur de la peau.
Alors notre amour ne semblera plus une chose extraordinaire !
Je continue les exemples de la pratique du français de tous les jours.
– À la poste :
Des pancartes lumineuses surmontent les différents guichets. Selon ce que l'on désire on se dirige vers l'un ou l'autre guichet et l'on demande : « Dix timbres à trois francs, s'il vous plaît ». On paie, on affranchit ses lettres et on les glisse dans la boîte aux lettres qui est tout près ? Souvent il y en a trois, surmontées des indications : « Paris et étranger », « Province », « Imprimés ». Mais il se peut qu'on veuille envoyer un télégramme. Alors sans rien demander à personne on prend une formule (parfois il faut la demander au guichet correspondant), on inscrit l'adresse de destination, le texte du télégramme, l'adresse de l'expéditeur. On remet la formule au guichet et l'on paie.
– À la gare :
On entre dans le hall, on se dirige vers les guichets au-dessus desquels est inscrit « Billets » et l'on demande « aller La Rochelle » ou « aller Saintes ». L'employé indique un prix : quatre-vingt-douze francs. On paie et, muni de ce billet, on passe au contrôle qui poinçonne les billets. On va alors sur le quai, on cherche la voie (des tableaux l'indiquent), ou bien on s'adresse à un employé : « Quelle voie pour Saintes, s'il vous

plaît ? » – « Deuxième quai, quatrième voie », et, en utilisant les passages souterrains, on se rend à la voie indiquée.
– Au cinéma, au théâtre :
Si l'on veut être sûr d'avoir une bonne place lorsque passe un bon film il faut louer à l'avance. Un coup d'œil sur les affiches : « Locations de 16 heures à 17 heures ». Donc, à 16 heures un quart, on se rend pour louer. On va au guichet : « Deux premières, ou deux fauteuils, ou deux loges, etc. ». L'employé répond « Cinquante-six ». On paie, on part et l'on viendra le soir à l'heure du film. Des ouvreuses conduisent aux places.
– Au café, au restaurant :
En général, le garçon vient sans qu'on l'appelle. S'il y a affluence, on lance « Garçon ! ». Lorsqu'il est là : « Qu'avez-vous comme apéritif ? » – « Byrrh, Pernod, Pineau, etc. » – « Deux pineaux, s'il vous plaît ». Le garçon revient déposer deux verres, laisse deux soucoupes. Autant de consommations, autant de soucoupes. Lorsqu'on veut partir, on l'appelle ; on paie, on part. Au restaurant, chaque table porte un menu de repas tout établi, ou bien une liste de plats parmi lesquels on doit choisir. Le repas commence soit par un potage (soir), soit par des hors-d'œuvre.
Mais, comme nous arrivons dans un sujet très intéressant, je le réserve pour une prochaine lettre. Bonne nuit, Gerda chérie.
Tu es dans mes pensées et dans mes rêves.

André

52. *Vendredi 13 septembre 1946*

Voici bien des jours que je ne t'ai écrit *Gerdalein.*
J'ai eu beaucoup de travail. Quelques visites à la maison aussi, et maman n'était pas encore très solide. J'ai donc dû jouer au cuisinier. Avec cela un méchant rhume qui après 16 jours ne veut pas guérir… Pourtant, depuis quelques jours, je me suis fait fabriquer une potion de ma composition (ça sert d'avoir appartenu au service sanitaire) et j'espère être débarrassé en fort peu de temps de tous ces microbes.
Durant ce laps de temps j'ai reçu deux lettres de toi et la dernière contenait la réponse de Berlin ; tu vois qu'au fond les gens ne mettent aucune mauvaise volonté, mais tout va tellement lentement dans toutes les administrations du monde !
J'ai fait une nouvelle tentative auprès du ministère de l'Intérieur. Demain, Gillette vient passer deux jours à la maison et nous allons

essayer une nouvelle démarche avec l'aide d'un député qui est notre commun ami. Peut-être arrivera-t-on enfin à un résultat.
Gillette est, en ce moment, fort contente, car elle vient d'obtenir un poste intéressant : elle sera, à partir d'octobre prochain, professeur de français à L'École Normale de La Rochelle.
Gerdachen, je n'avais jamais pensé à te demander de quitter ton poste à Dannenberg pour poursuivre tes études à Berlin. Loin de là. Si tu en avais eu l'idée, j'aurais été le premier à te le déconseiller.
Non, simplement, ce que j'aimerais c'est que, tout en continuant ton travail d'institutrice, tu améliores tes connaissances en français. Peut-être même que, par correspondance, tu pourrais suivre des cours de Berlin. Sans doute cela ne t'apprendra pas grand-chose de plus que nos lettres, mais du fait que tu suivras un cours officiel, il te serait alors loisible de te présenter à un examen. Je ne connais pas exactement quelle est la manière de procéder en Allemagne.
Ici, après avoir obtenu les examens de base (Brevet supérieur ou baccalauréat) on s'inscrit à une Faculté pour passer un certificat de licence. Du fait qu'on est inscrit en Faculté pour tel ou tel cours, on a le droit de demander à passer un certificat de licence. Avec 4 ou 6 certificats on a la licence complète, appelée licence d'enseignement, qui permet de porter le titre de professeur et d'enseigner dans les lycées et les collèges.
Si la manière de procéder était la même en Allemagne, tu pourrais t'inscrire à Berlin (à ce qui correspond pour nous à une Faculté), envoyer un ou deux devoirs par semaine, demander le programme de l'examen, me le faire connaître et nous travaillerions tous deux par lettre. Compris ?
Tu ne peux t'imaginer tout ce que cela peut apporter de facilités. D'abord, tu seras obligée de faire les devoirs et cela ne pourra qu'améliorer ton français ; tu pourras, peut-être, obtenir un titre officiel (ce qui est essentiel aujourd'hui), qui en France te donnerait le droit d'enseigner la langue allemande ; enfin cela peut nous rapprocher. Un exemple : actuellement la frontière franco-espagnole est fermée, c'est-à-dire qu'aucun Français n'a le droit d'aller en Espagne et réciproquement. Or il est permis aux ingénieurs et aux professeurs de passer d'un pays à l'autre.
Vois cela au cours de tes vacances. Gerda chérie, je suis heureux, si heureux, de voir que tu ne désespères pas. Tout cela va s'arranger très vite maintenant ; les jours nous semblent longs, mais ils passent. Le calme revient dans les esprits, les haines s'atténuent.

Dans peu de temps nous serons ensemble. Il me semble souvent que je vis avec toi, vois-tu. Quand je vois quelques-uns de mes camarades qui sont mariés, je pense souvent en moi-même : « Tiens, nous faisions ainsi avec *Gerdalein* », ou bien « Nous n'aurions pas fait cela, nous autres ». Oui, vraiment, il me semble que notre union dure, une union qui n'est pas faite de présences, mais qui n'en est pas moins indestructible. Ne penses-tu pas cela aussi, Gerda chérie ?

André

Ta leçon aujourd'hui portait sur l'enseignement en France !

53. *Vendredi 13 septembre 1946*

Gerda chérie,
Ce matin je t'écrivais après plusieurs jours de silence, tout remplis d'une grande activité : battages, arrachages des pommes de terre, cuisine ! (car nous avions plusieurs visites et, maman étant encore peu robuste, j'ai dû « mettre la main à la pâte »). J'ai moi-même été fort enrhumé et j'ai toussé pendant près de 15 jours, jusqu'au jour où, lassé, je me suis fait faire un remède de ma composition !
Enfin aujourd'hui, grande journée, nous sommes allés chercher des champignons. Nous y sommes allés en auto pour permettre à maman de venir avec nous (les bois sont assez loin 7 à 8 km). Nous en avons trouvé deux grands paniers et, comme nous sommes très gourmands, tu dois imaginer notre joie. Et, puisque nous en sommes au sujet « cuisine de champignons », le cours de français de ce soir porte là-dessus, afin que tu connaisses bien tous les ustensiles et tous les ingrédients.
Pour faire cuire les champignons, on les pèle légèrement, on les lave rapidement, afin que l'eau n'enlève pas leur goût et on les met dans une poêle sans graisse, sans eau : au bout d'un moment ils commencent à rendre l'eau qu'ils ont en eux. On prolonge l'opération en vidant de temps à autre le jus qu'ils ont rendu. Lorsqu'on s'aperçoit qu'ils ne laissent plus sortir de jus et qu'ils risqueraient de brûler, on les sort et on met alors une belle motte de graisse dans la poêle. Quand cette graisse est suffisamment chaude, on y jette les champignons qui cuisent alors ; on ajoute du persil (feuilles) et de l'ail et voilà, le plat est prêt !
Comment cuisine-t-on en France ? On fait cuire à l'eau (bouillir), cuire à la graisse (frire), cuire dans la graisse en arrosant de temps à autre avec le jus (rôtir), cuire sur des charbons ardents (griller). Ce sont là les quatre façons de faire cuire la viande. Mais souvent encore on fait des

sauces, c'est-à-dire que, selon le cas, on fait cuire ensemble viande, pommes de terre, carottes, oignons. Des livres de cuisine te renseigneront mieux que moi !
La soupe – le potage – se fait en faisant bouillir très longuement des choux, des carottes, des navets, des pommes de terre et des poireaux, ainsi qu'un morceau de viande (viande de deuxième qualité, qu'on ne peut manger frite). On peut faire aussi de la soupe avec de la tomate, la soupe à l'oignon, etc., pour ne citer que les plus courantes. Dans tous les cas, lorsque l'ensemble est cuit, on n'en conserve que le jus que l'on verse sur du pain coupé en tranches extrêmement minces, ou sur du vermicelle, ou du tapioca, ou encore sur de la pomme de terre râpée très fine. C'est alors cela que l'on nomme soupe ou potage et que l'on sert au début du repas.
Suivent alors les hors-d'œuvre (coquillages, pâtés, petites préparations assez goûteuses qui mettent en appétit, mais ne nourrissent pas). On mange ensuite du poisson puis des légumes tels que pois et haricots et enfin le rôti qui est la pièce principale du repas. Quelques fruits, une crème, des gâteaux secs, le café et le cognac, et chacun sent son ventre plein !
Voilà donc un certain nombre de notions culinaires. Si tu mémorises tous ces noms, ce sera un excellent exercice. D'ailleurs, tu es déjà plus ou moins familiarisée avec la cuisine française ; il ne te manque, pour t'exprimer aisément, que les mots pour le dire. Ainsi disait notre vieux poète Boileau (un poète à l'esprit mathématique) : « Ce que l'on conçoit bien s'énonce clairement, et les mots pour le dire arrivent aisément ». Ce sont là deux alexandrins ou vers de douze pieds (syllabes). Ceci dit en fin de lettre pour ne pas finir, malgré tout, sur des idées trop terre à terre !
À l'instant, panne de lumière. Je termine dans la semi-obscurité d'une lampe à pétrole. Ma pensée n'en va pas moins vers toi, Gerda chérie, et je serai heureux si ma lettre, si toutes mes lettres, t'aident un peu à t'adapter à la vie nouvelle qui sera la tienne bientôt, très bientôt je l'espère.
Notre bonheur, *Gerdalein*, notre proche bonheur.

André

54. *Vendredi 20 septembre 1946*

Gerda chérie,

Depuis plusieurs jours, je suis sans lettre. Et chaque courrier qui passe me donne une nouvelle déception. Gerda chérie, je serais si heureux d'avoir une lettre.

Les jours passent. Voici que viennent les travaux d'automne. Hier je suis allé encore battre à la machine (ce qui appartient encore, chez nous, aux travaux d'été), mais aujourd'hui, c'était la cueillette des pommes, et voici qu'on sent l'hiver tout proche.

Tout en haut du grand pommier je pensais à toi. Pourquoi ? Te souviens-tu de cette grande promenade dans les environs du lac de Tiefensee et du jour où je grimpai à la cime d'un des plus grands arbres qui poussaient là ? Te souviens-tu de toutes tes recommandations et de ta peur de me voir tomber ? C'est à tout cela que je pensais, il y a un instant, lorsque le vent me balançait et que bien haut, tout au bout des branches, je me laissais bercer comme en un navire.

Merveilleux souvenirs qui appellent une réalité meilleure encore. Chaque jour qui passe m'affermit dans mon désir de te retrouver, accroît mon désir de toi et la confiance que j'ai en l'avenir, Gerda mienne !

À l'instant, mon père m'appelait pour me montrer un plein baquet de noix qu'il venait de ramasser sous l'arbre, et cela aussi te fit toute proche, car je sais le grand amour que tu portes aux noyers. Je me souviens encore de la lettre délicieuse où tu me parlais des noyers tes amis, et je ne sais rien de plus frais en moi que ce souvenir, à moins que ce soit peut-être ces quelques lignes qu'un matin tu m'écrivis sur les chouettes, leur chant au petit matin et toute la joie que tu avais de les entendre.

As-tu senti, *Gerdalein*, combien j'étais près de toi les nuits passées ? Il faut que je te conte la chose, car c'est l'une de mes joies. Comme j'ai travaillé dur aux champs durant ces vacances et que voici bientôt la rentrée, j'essaie de me mettre en bonne « forme » physique. Maman insiste pour que je me couche tôt et, chaque soir, à 8 heures et demie (heure solaire), je vais au lit. Je dors comme un bienheureux jusqu'à 4 ou 5 heures du matin ; c'est alors que je m'éveille et que, pendant une heure ou deux, je pense à toi avec joie, avec douceur, dans le calme de la nuit qui règne encore et de ma pensée reposée.

Chaque détail de notre vie passée revit en moi et je savoure le grand bonheur d'aimer. Car ce m'est une joie sans cesse renouvelée de penser que je t'ai rencontrée et, qu'en dehors de tous les soucis de la vie journalière partagés ensemble, nous avons vécu des heures merveilleuses inoubliables. Cette parfaite union que si peu de gens arrivent à trouver nous l'avons réalisée, union durable puisque notre vie

commune n'est pas de quelques jours ou de quelques mois, mais d'années entières.
Gerda, j'aime à me rappeler souvent ce matin d'avril (durant ton congé de Pâques), alors que je te lisais les « Nuits » de Musset et que, sans en comprendre tous les mots, tu sentais la poésie merveilleuse couler en toi comme elle coulait en moi.
Tant de souvenirs communs, Gerda, tant d'espoirs communs, de goûts communs… nos personnalités, différentes sans doute et également affirmées, mais qui se confondaient dans l'amour, le désir immense de voir l'autre heureux…
Ah Gerda ! Je suis sûr qu'un proche avenir nous réunira. Peut-être un dieu jaloux veut-il éprouver notre confiance, mais ce dieu est bon, *Gerdalein,* et notre bonheur sera.

André

55. *Dimanche 22 septembre 1946*

Dimanche 22 septembre

Encore un soir comme beaucoup d'autres.
Nous sommes allés tous trois, mes parents et moi, dans les prairies qui longent la mer et s'étendent entre les falaises et la Gironde ; là poussent encore des roseaux dont nous cueillons les fleurs. Ces fleurs, très douces au toucher, servent à confectionner des balais destinés à balayer les parquets.
Nous sommes revenus à nuit tombante et maintenant chacun s'affaire. L'une à la cuisine, l'autre auprès des lapins, poules, etc.
Moi je viens vers toi. Que peux-tu bien faire en ce dimanche soir de septembre ? L'eau est-elle encore assez chaude pour qu'on puisse s'y baigner ? Ou bien as-tu lu quelques pages intéressantes ? Peut-être m'as-tu écrit ? Peut-être m'écris-tu en ce moment ? Ainsi allons-nous l'un vers l'autre.
La matinée a été occupée par le lavage complet de l'auto. Demain matin il me faudra aller chez le mécanicien, car la courroie de mon ventilateur s'est beaucoup allongée, si bien qu'il tourne quand bon lui semble et que l'eau du radiateur se refroidit mal.
D'ici quelques jours, je retournerai à Saintes pour préparer mes cours de rentrée, mercredi sans doute, ou jeudi : j'aime mieux être seul avec ton image pour vivre le jour de ton anniversaire.

Le temps ici a changé tout à coup, les jours sont merveilleux, le ciel est d'un bleu pâli et le soleil vraiment chaud à midi. Pourtant, il fait frais au soir et au matin ; les nuits sont froides : on sent que doucement l'hiver vient vers nous. Nous avons profité de ces beaux jours pour terminer la cueillette des pommes et pour bêcher profondément le jardin : la terre sera légère pour l'hiver. Pourtant, malgré la chaleur forte des midis, les vendanges ne sont pas encore là. L'an passé nous vendangions à pareille époque. Cette année nous ne commencerons guère que durant les premiers jours d'octobre et je ne pourrai qu'assez peu aider mes parents. Je me réjouis assez de cette rentrée. Je vais retrouver beaucoup de mes élèves de l'an passé. Mes jeunes de l'année dernière seront mes « grands » de cette année : ils vont être très sérieux pour préparer Brevet élémentaire et École Normale.
Je pense m'acheter un poste de radio en rentrant ; ils sont encore relativement chers, mais j'ai absolument besoin d'un peu de musique. Il me faudra aussi un quelconque appareil de chauffage, car la petite cheminée de ma chambre est un délice pour les yeux lorsque le feu de bois y flambe, mais elle ne réchauffe guère l'appartement. Enfin, côté métier, il me faudra quelques gros dictionnaires très complets et plusieurs autres livres d'auteurs. En tout, une cinquantaine de mille francs vont disparaître à la rentrée ! Quant au gros de mes économies, je le conserve précieusement pour quand tu arriveras, car il nous faudra une jolie chambre et une jolie cuisine pour abriter notre « vieil » amour, si jeune encore et si grand cependant.
Et, en passant, quelques mots de vocabulaire courant : de quoi se compose une chambre à coucher ? D'un large lit, naturellement, qui comprend le bois de lit, le sommier, le matelas, le lit de plume, les draps et les couvertures, parfois un édredon, et aussi un dessus-de-lit. Il faut aussi une armoire, armoire à glace autant que possible afin qu'on puisse s'y voir tout entier nu ou habillé, une toilette : table avec glace mobile, accessoires pour ongles, dents, fards, etc. Quoi encore ? Quelques chaises, quelques tapis, une table de nuit, une lampe de chevet, et la chambre est complète. Quant à la cuisine, c'est plus compliqué encore, car, à côté de la table et des chaises, de l'armoire aux provisions ou du buffet, de la boîte à pain et de la cuisinière, il faut d'innombrables casseroles, plats, pots, verres, assiettes, bols, tasses et soucoupes, pots à eau et bouteilles, cuillères, fourchettes, couteaux, que sais-je encore ? Une soupière sans doute, et des dessous-de-plat, dessous de bouteille, … des tas et des tas de choses dont on se sert tous les jours,

que l'on casse et qu'il faut sans cesse renouveler. Mais tu seras là pour y mettre bon ordre.
C'est pourquoi je t'attends pour acheter tout cela. Je t'attends, *Gerdalein*, et mon amour se fortifie de la croyance que, bientôt, tu seras là.

André

56. *Dimanche 6 octobre 1946*

Gerda chérie,
Depuis plusieurs jours j'ai comme un remords en moi d'avoir été si longtemps sans t'écrire : 8 jours, c'est énorme. Mais Dieu sait qu'il n'y a pas de ma faute.
D'abord, j'ai participé, durant 3 grands jours pleins, à la commission d'examen (samedi, dimanche, lundi). Mardi 1er octobre je devais sans tarder reprendre mon travail… et là commencèrent les difficultés. Effectif beaucoup plus nombreux que l'an passé (50 % en plus), mais le nombre des professeurs n'a pas augmenté. Il a fallu refaire complètement l'emploi du temps et c'est un gros travail. En même temps, je devais commencer à mettre mon travail en train : préparer mes répartitions annuelles et mensuelles, refaire partiellement mes préparations de cours.
Et enfin, comme si je n'avais pas assez de tout cela, j'avais encore une autre lutte à soutenir. Le professeur que j'ai remplacé ici avait été mis en congé, car, ayant trouvé un emploi plus rémunérateur, il avait demandé à quitter momentanément l'enseignement. J'avais donc été nommé, l'an passé, à titre provisoire. Puis, au cours des vacances, on m'avait nommé à titre définitif. Lorsque mon prédécesseur apprit cela, il se mit en grande colère, jura qu'on l'avait frustré de ses droits et fit grand vacarme dans les bureaux de l'inspecteur d'académie, si bien que celui-ci prit la décision de m'enlever ma nomination définitive et proposa même à l'autre de reprendre son poste. Naturellement cela ne faisait pas mon affaire. Je mis opposition à la nouvelle décision et me débattis comme un beau diable. Maintenant, l'affaire est à l'étude et nous attendons une décision. Mais tout cela coûte bien de la peine, des ennuis, des démarches. Mon adversaire est puissamment soutenu et moi je n'ai guère que mon bon droit pour moi ; il est quand même malheureux de voir que des gens qui, pendant la période 39-45, ont eu

de bonnes places, n'ont pas bougé de chez eux, viennent encore réclamer aujourd'hui plus que leur dû.
Nous avions cru, nous autres qui avons été prisonniers, qu'à notre retour en France nous aurions malgré tout quelques petits avantages. On nous avait fait bien des promesses. Hélas ! Autant en emporte le vent… Ceux qui sont restés ici bien au chaud, bien tranquilles, ceux-là, ce sont ceux qui se plaignent. « Vous autres prisonniers », disent-ils, « vous n'avez pas été malheureux », et si je leur parle des pluies de bombes sur Berlin, c'est tout juste s'ils ne me prennent pas pour un menteur ! Tout cela a l'air d'une plaisanterie, mais c'est pourtant l'exacte vérité.
Jeudi dernier, je suis allé à la maison et j'avais deux lettres de toi. Deux lettres écrites en français, en très bon français même. Quelques rares fautes encore, mais on sent un constant progrès et je m'en réjouis fort.
Je ne veux pas te parler de tes mauvaises lettres, bien qu'elles m'aient fort attristé lorsque je les ai reçues. Je ne veux pas essayer de me justifier de tout ce dont tu m'as accusé. Tout ce que je puis te dire, c'est que j'ai fait tout ce qui était en mon pouvoir pour te faire revenir plus vite, mais il y a deux choses contre nous : d'abord, que je suis fonctionnaire et qu'on permet plus difficilement à un fonctionnaire ce qu'on permet à un simple particulier ; ensuite, les deux députés de mon coin ont été déportés politiques, l'un à Dachau [128] et l'autre à Neuengamme[129], c'est te dire le peu de sympathie qu'ils ont envers les Allemands.
Tout récemment encore je suis allé à l'un des bureaux du ministère des prisonniers : on a promis de s'occuper de moi. Que vaut cette promesse ? Je ne sais !
Mais tout cela est moins tragique que l'on ne pense, Gerda : l'essentiel, vois-tu, c'est de croire, d'espérer, d'aimer.
Il ne faut pas que tu te laisses accabler par ta peine. Il ne faut pas que tu laisses la méfiance entrer en toi parce que c'est cela qui tue l'amour. Qu'importent quelques mois, *Gerdalein,* quand on est sûr de se retrouver.
Gerda chérie, il faut que tu conserves cette certitude en toi.
Comprends-moi, Gerda : ou tu aimes vraiment et alors rien ne peut briser ton amour, ni le temps, ni les hommes, ou bien tu n'aimes plus,

---

128 Dachau est le premier camp de concentration établi par le régime nazi en 1933, à 17 km au nord-ouest de Münich.

129 Neuengamme est un camp de concentration établi en décembre 1938, au sud-est de Hambourg sur le fleuve Elbe.

et alors il faut briser complètement avec des souvenirs qui ne sont plus que des souvenirs.
Gerdalein, tu sais combien je t'aime, combien j'espère aussi et combien est grande ma confiance en toi.

André

57. *Jeudi 10 octobre 1946*

Mortagne, le 10 octobre

Gerda chérie,
Hier j'avais au courrier une lettre m'indiquant qu'on t'autorisait à rentrer en France.
Te dire ma joie !
Joie nuancée d'inquiétudes.
C'est maintenant que va commencer un autre combat.
Combat contre l'hostilité de certaines gens, contre l'incompréhension d'autres. Mais nous serons deux et nous serons heureux.
Gerda, la vie va commencer. Si tu n'es pas partie, je te demande de ne pas partir immédiatement. Ne viens que pour les vacances de Noël. Je sais, cela va te faire un peu de peine, mais c'est nécessaire.
1) Pour que tu te mettes régulièrement en congé auprès de ton administration, en conservant cependant une possibilité de reprise (on ne sait pas si un jour dans la vie cela ne nous sera pas utile). Les précautions, mêmes inutiles, ne doivent pas être négligées : tu sais si nous nous en sommes aperçus !
2) Afin de te procurer tous les papiers nécessaires :
a) Extrait de naissance
b) Livret de famille
c) Attestation comme quoi tu fais partie du nouvel enseignement allemand
d) Attestation comme quoi tu as participé à la direction d'un groupe antifasciste
e) Attestation comme quoi tu as été limogée (enlevée de ta place) au temps de Hitler et interrogée par la Gestapo
Si possible demande, auprès des bureaux français de Berlin, une copie de ces documents (traduction française).
De mon côté, il faut que je trouve un logement en dehors de l'école et que je m'achète du mobilier. Quelques autres points de détail à régler

aussi. Donc, le mieux serait que tu partes de là-bas le 26 décembre (ou 22). Ainsi, je pourrai aller à ta rencontre (je serai en congé).
Tiens-moi immédiatement au courant de ce que tu comptes faire.
D'ici quelques jours, je t'enverrai une lettre plus précise et plus détaillée.
Je t'écris maintenant en hâte, car je voudrais que tu aies ma lettre le plus tôt possible. Excuse-la d'être aussi sèche et aussi pleine de détails, alors que tout en moi est joie et espoir, mais il est nécessaire que nous fassions tout pour préserver notre bonheur.
Je t'embrasse *Gerdalein,* très très fort.

À bientôt

André

58. *Jeudi 17 octobre 1946*

Ci-joint un double de la lettre du préfet. J'en ai adressé un autre exemplaire à M. l'officier chargé du service social (Wedding)

Jeudi 17 octobre

Gerdalein, Gerda chérie,
J'ai été quelques jours sans t'écrire, pendant lesquels j'ai travaillé « pour nous ». D'abord, j'ai écrit au jeune homme qui, il y a quelques mois, s'est marié dans les mêmes conditions que nous. D'ici quelques jours, j'espère recevoir une réponse me donnant des tas de renseignements. Enfin, j'ai cherché, pour nous, une maison ; ce n'est pas une petite affaire, car, ici comme là-bas, sévit dans les villes une formidable crise du logement. Enfin, la chance m'a aidé et je crois avoir trouvé. Je dis « je crois », car on n'est jamais bien sûr ! Si mon désir se réalise, tout sera merveilleux. J'ai trouvé à 5 kilomètres d'ici une petite ferme, minuscule : maison d'habitation 5 pièces, une étable, un toit à cochon, à poules, etc., une petite cour herbeuse et un grand jardin ; un coin de pré aussi, avec deux petits noyers, car je sais que tu les aimes. Ils grandiront, sais-tu, ils seront un souvenir. L'intérieur n'est pas merveilleux et j'aurai quelques réparations à faire, mais ceci n'est que peu de chose. Demain, je vais voir le notaire et peut-être, peut-être…
Nous serions bien là, renfermés, intimement chez nous, sans curieux, sans importuns ! Il y a bien ces 5 kilomètres qui me séparent de mon travail, mais c'est vite fait, 20 minutes à vélo quand il fait beau, et, lorsque le temps sera trop mauvais, je prendrai l'auto ! *Gerdalein,* je nous vois déjà là tous les deux et je me réjouis ; je me réjouis en pensant

à tout ce bonheur que, depuis bientôt deux ans, j'attends. Nous aurons des lapins, des poules, des légumes : nous vivrons un peu en campagnards, mais, malgré cela, il faudra que tu travailles, car je tiens toujours ferme à ce que tu repasses tes examens en français. Tu feras les mêmes devoirs que mes élèves, et gare à toi si tu ne travailles pas bien ! Tout rit en moi, sais-tu, Gerda. Il me semble que tant de bonheur n'est pas possible et que quelque chose va survenir qui sera contre nous. Mais non, maintenant nous allons vers la joie, vers la vie.
J'écris ce soir aussi à Henri. Peut-être pourras-tu le voir en passant : voici son adresse M. Henri Charrois en gare de Château-Salins, Moselle. Peut-être aussi pourras-tu voir Mademoiselle Olga Gronner, à qui j'écris ce soir aussi et dont l'adresse est la suivante : 29-31 rue Boucherie Saint-Georges, Metz, Moselle.
En tout cas, dès ton arrivée en France (à Paris sans doute) envoie-moi un télégramme à mon adresse à Saintes.
Pour que je puisse aller vers toi, il faudrait que tu arrives, soit du 30 octobre au 4 novembre (jeudi à dimanche), car c'est pour nous les congés de la Toussaint, soit du mardi 24 décembre au vendredi 3 janvier (vacances de Noël). Ou bien un jeudi ou un dimanche, en n'importe quel temps. Dans ce cas, il faudrait que je reçoive le télégramme à mon adresse de Saintes (chez M. Herbert, école Nicolas Lemercier, Saintes) le mercredi soir ou le samedi soir de façon que je prenne le train de nuit pour Paris et te ramène dans la journée suivante. Le télégramme devrait aussi m'indiquer ton adresse.
Je persiste à croire qu'il vaudrait mieux que tu viennes pour Noël. Cependant, si tu crois bien faire autrement, viens.
Mon Dieu peut-être es-tu déjà en route ? Est-ce vrai, est-il possible que, bientôt, je puisse te revoir ? J'ai des tas de projets, qui se réaliseront peut-être ! Il y a encore ce grand voyage, mais je sais que tu peux réussir bien des choses et je ne m'inquiète pas trop. Pourtant, je voudrais t'avoir déjà ici près de moi. Sans doute, le voyage sera-t-il dur, pénible et long (on a parlé même de 20 jours).
Ne t'inquiète pas, espère. Bientôt nous serons tous deux. *Gerdalein, Gerdalein,* tout chante et rit en moi, et danse une folle sarabande. Dieu puisse-t-il continuer à nous aider. Qu'il protège notre bonheur qui vient. Je t'attends. Je suis heureux ; à bientôt, mon aimée.

André

J'écris en même temps à M. l'officier chargé du contrôle social à Berlin. La section française des intérêts consulaires 6, Wiltingerstrasse à Berlin-Frohnau s'occupe aussi de nous.

59. *Samedi 26 octobre 1946*

Gerda chérie,
Depuis longtemps je suis sans nouvelles.
Peut-être viens-tu déjà vers moi ?
Je t'attends chaque jour. Il y a si longtemps que je t'attends !
Semaine extrêmement chargée pour moi fut celle qui vient de passer. Cours, corrections, visites, etc.
Jeudi, je suis allé à Poitiers, ville universitaire, pour me faire inscrire à la Faculté des Lettres en vue d'une licence complète d'allemand.
Cette année, le programme n'est pas très chargé :
Goethe : Ballades, Schiller : Marie Stuart (comparer les techniques), *Nibelungenlied* [130], lois de Grimm et de Verner [131], étude de Lichtenberg[132] et de Tonnelat[133]. Naturellement je compte sur toi pour m'aider beaucoup. J'ai déjà écrit au professeur qui donne des cours (il est de Tours), afin de lui demander des renseignements, afin aussi de m'excuser car je ne pourrais suivre tous les cours (Poitiers est très loin de La Rochelle et je ne pourrai y aller que le jeudi une fois par mois).
Autre chose : hier j'ai acheté la maison convoitée. J'en ai les clefs. Nous aurons donc une maison, un « *zu Hause* », un « *home* ». Il y aura beaucoup de transformations à faire, mais nous nous y emploierons tous les deux. Demain, je vais l'examiner de plus près et voir ce qu'il sera urgent de faire.
Au cours de tous ces déplacements j'ai acquis un bon rhume et, tandis que je t'écris, mes yeux pleurent (pas de chagrin). J'ai bien mal à la tête aussi, mais j'espère que tout cela sera guéri lorsque tu seras ici.
Pense à bien apporter tous les papiers dont je t'ai parlé. Il faudrait aussi, si possible, apporter le papier qui mentionne l'examen que tu as passé récemment. Peut-être cela te permettrait-il de continuer plus facilement tes études en France. Enfin, fais pour le mieux, apporte tout ce que tu crois utile (plutôt trop que trop peu), et le reste à la grâce de Dieu !

---

130 Nibelungenlied (La Chanson des Nibelungen) est une épopée médiévale en moyen haut-allemand composée au XIII e siècle.

131 Lois de la phonétique allemande.

132 Georg Christoph Lichtenberg (1742-1799) est un écrivain, philosophe et physicien allemand.

133 Ernest Tonnelat (1877-1948) est un germaniste français et un historien spécialisé en littérature.

Lorsque tu partiras, si tu viens aux environs de Noël, pense à bien te couvrir, car il se peut qu'on t'arrête quelques jours à la frontière. Si tu as des valises et des paquets, prends-y garde, car j'ai entendu dire que les voleurs pullulaient. Et s'il t'arrive quelque ennui, ne te désespère pas, mais réjouis-toi plutôt en pensant que, bientôt, nous serons ensemble.

Mes parents devaient finir de vendanger aujourd'hui. Je ne retourne vers eux que jeudi prochain, car pour la Toussaint nous avons quelques jours de vacances. Il y aura alors beaucoup à nettoyer et beaucoup à remettre en place.

Ils sont aussi bien fatigués tous deux, car ils ne sont plus très jeunes et ils doivent faire tout, tout seuls. Je les aide bien un peu, mais je suis loin et ne peux leur donner qu'un jour par semaine. Lorsque tu seras là, nous irons souvent vers eux et je suis sûre que maman se réjouira d'avoir quelqu'un pour l'aider à coudre et à repriser. Ils t'attendent maintenant eux aussi. Après avoir été un peu opposés à notre mariage ils ont compris combien notre amour était grand et maintenant ils m'aident, autant qu'ils peuvent, à résoudre les petites difficultés.

Je me suis interrompu un peu au cours de ma lettre. J'avais commencé très tôt ce matin, puis j'ai dû aller faire mon cours. Maintenant, le déjeuner est terminé ; j'ai trois heures de libres, mais je n'en profiterai guère, car la grippe, qui suit son cours, me fatigue beaucoup : les yeux et la tête me font extrêmement mal.

J'ai encore deux ou trois commissions à faire, que je vais régler le plus vite possible, puis deux séries de devoirs à corriger.

Pour un peu, je dirais comme Charlemagne « Dieu ! Que ma vie est peineuse ! ». Malgré tout cette activité me plaît, mais je voudrais bien être guéri de ma grippe. Je vais aller, dans quelques instants, chercher quelques médicaments ; je crois que je me coucherai tôt ce soir !

Pourtant, il faudrait bien que je commence à réviser ma grammaire allemande. Enfin, quand tu seras là, tout ira plus vite. Si tu trouves quelque chose sur Goethe et Schiller, apporte-le-moi en venant !

Le soleil montre encore son nez entre les nuages ; dans la cour en bas les gosses jouent : cour immense, gosses très nombreux (ils sont plus de 500). Tout cela crée une atmosphère de joie un peu lourde à la tête. Ma pauvre tête qui me fait si mal ! J'aurais presque envie de me mettre au lit et de dormir, mais j'ai du travail… Peut-être faudrait-il la caresse fraîche de tes mains sur mon front ? Mon Dieu, bientôt ce sera une réalité : tu seras là, *Gerdalein* ! J'ai peine à imaginer cela, je n'ose y croire ; pourtant l'autorisation est là, chaque jour, je la relis…

Ce matin j'avais allemand avec mes tout-petits (11 ans et demi) ; ils commencent à connaître quelques phrases (*Kurt ist ein Knabe, er ist ein Schüler, usw.*[134]). Nous n'avons que deux heures par semaine, c'est peu, mais ils ont encore quatre ans devant eux avant de passer un examen !
J'ai fermé ma fenêtre ; les enfants sont rentrés : ils babillent à côté en attendant leur maître.
C'est samedi, journée de demi-repos, que je passerai sans doute près de toi dans notre vieille maison toute pleine de joie toute neuve.
La semaine dernière j'ai écrit à Charrois, qui m'a répondu aussitôt. J'avais écrit à Gillette aussi, qui m'a répondu une lettre charmante, et qui brûle de te connaître.
J'attends des nouvelles d'Olga Gronner, qui est à Metz et dont je ne sais rien depuis un mois.
Au revoir, *Gerdalein*, il faut maintenant que je me mette au travail : les piles de copies attendent pour être corrigées, et moi j'ai bien mal à la tête !
Ces petites misères seront vite oubliées, et très bientôt tu seras là…
À bientôt, *Gerdalein* chérie.

André

60. *Mardi 29 octobre 1946*

Saintes, le 29 octobre

Gerda chérie,
J'avais aujourd'hui ta lettre pleine d'enthousiasme, ta lettre du 13 octobre. J'espère que, maintenant, tu as reçu les miennes. Monsieur le lieutenant Fouquet me communique qu'il a transmis copie de la lettre que j'ai reçue au consulat à Frohnau[135]. Si quelque retard ou quelque ennui se produisait, tu m'écrirais immédiatement. Mais j'espère que tout ira pour le mieux.
Dimanche je suis allé visiter la maison que j'ai achetée pour nous. Elle est immense et un peu vieillotte, mais elle te plaira sans doute. Il y a beaucoup de réparations à faire. Une seule pièce est actuellement habitable. Demain, je vais voir un entrepreneur afin qu'il me transforme une seconde pièce le plus tôt possible. Quant aux autres, je veux attendre que tu sois là et nous les ferons arranger à notre goût au

134 Kurt est un garçon, il est un élève.
135 Berlin-Frohnau est l'un des onze quartiers de l'arrondissement de Reinickendorf dans la capitale allemande.

printemps prochain. Il y a une grande cour entourée d'un mur et d'une grille, mais l'herbe est poussée très haute et nous aurons beaucoup de travail (toi surtout). Derrière il y a encore d'immenses bâtiments : chais, remise, écuries, hangar, de nombreux petits toits aussi : poules, cochon, lapins, …

Mais tout cela a besoin d'être vu sérieusement et remis en état. Derrière, encore un jardin avec de très grands arbres, une haie et quelques petits arbres fruitiers. Puis vient un sentier et enfin, de l'autre côté du sentier, un morceau de terre qui actuellement est un pré, mais dont nous pourrions faire ce que nous voulons : jardin, fruitier, etc. Je t'ai énuméré tous les avantages. Voici maintenant les inconvénients. C'est vieux, et nous aurons beaucoup à faire pour l'égayer, mais avec du temps et de la bonne volonté on arrive à tout. C'est assez loin de Saintes (7 km), mais lorsqu'il fera beau, en vingt minutes de vélo je serai à mon travail. Lorsqu'il fera mauvais, je prendrai la voiture et avec un litre et demi d'essence le tour sera joué. Nous serons bien chez nous. Nous aurons quelques voisins, mais nous ne serons pas mêlés à eux.

Malheureusement, tu arriveras en hiver et j'ai bien peur que tout cela te paraisse un peu froid, un peu laid. Enfin ce sera « à nous » et nous serons tous deux.

Demain commencent les vacances de la Toussaint. Pour ce premier jour, nous sommes encore occupés : nous avons conférence pédagogique, c'est-à-dire que l'inspecteur d'académie nous réunit et qu'ensemble nous discutons d'une question intéressant la pédagogie. On en profite aussi pour payer les différentes cotisations : syndicat, assurance, etc. Vers 16 heures, tout cela sera fini.

J'espère au cours de la soirée terminer mon travail de classe : corrections et préparations de cours.

Jeudi matin, je retourne à l'école, avec quelques élèves, afin de mettre un peu d'ordre dans notre bibliothèque. J'irai passer l'après-midi dans « notre maison » et commencerai à ranger. Puis, le soir, j'irai à Mortagne et peut-être ramènerai-je dimanche matin mon père ou ma mère, afin de m'aider à nettoyer et mettre un peu d'ordre.

Jeudi prochain il me faut retourner à Poitiers pour participer à une réunion d'étudiants en allemand. Seras-tu très mécontente quand il me faudra partir ainsi tout un jour loin de toi ?

Quant aux papiers, essaie de te procurer tous ceux que je t'ai déjà mentionnés. D'ici quelques jours, j'espère savoir officiellement ce qui nous est nécessaire et dans une prochaine lettre je te l'indiquerai.

Tout en t'écrivant je fais mon dîner, et ce n'est pas une petite affaire ! L'état général est encore tellement mauvais ici que dans tous les restaurants on paie fort cher et on mange très mal. Aussi je fais ma cuisine, mais le soir seulement… et comme tu connais suffisamment mes talents de cuisinier je n'ai pas besoin d'insister !
Mes cousins, à côté, organisent une petite soirée et je devais y aller, mais je crois bien que je ne pourrais pas : j'ai réellement trop de travail.
Je voudrais pourtant bien commencer ma licence d'allemand cette année et je compte sur ton aide. J'ai peur d'un échec pour la première année ; si cela était, je préparerais alors deux certificats l'an prochain et ainsi tout irait pour le mieux.
Je t'ai dit, je crois, que Goethe (Ballades) et Schiller (Marie Stuart) sont au programme : si donc tu connais quelque chose d'intéressant là-dessus, apporte-le ! D'ailleurs jeudi prochain j'aurai la liste des livres nécessaires et je te la communiquerai de façon que, sans les apporter (ce qui te chargerait), tu puisses voir si tu connais quelque chose là-dessus.
Quant à toi, fais-toi délivrer tous les diplômes ou certificats auxquels tu as droit car, par la suite, cela peut ici t'être fort utile.
Gerdalein, tu ne peux pas savoir combien je me réjouis ! Hier j'ai retrouvé Soutoul, un camarade instituteur qui était à Eiche[136] et dont j'ai dû te parler parfois. J'étais réellement très heureux et nous avons parlé de toi.
Maintenant, les jours vont passer très rapidement : un mois et demi, c'est court et bientôt, Dieu le veuille, tu seras là. Tu seras là, Gerda, après plus d'un an d'absence, après avoir souffert, pleuré et peiné, mais tu seras là… Je ne sais encore où nous fêterons Noël, à Mortagne peut-être, ou ici. Oui, Gerda, ce sera là le plus beau cadeau de Noël. Une chose merveilleuse, indicible ! Mon Dieu, pourvu que cela soit ! Sais-tu que j'ai déjà bien des fils gris dans mes cheveux noirs ? Mais enfin je n'ai pas encore l'air « trop vieux ».
Et puis mon amour est toujours jeune, infiniment jeune, et il va vers toi.

André

61. *Jeudi 7, vendredi 8 novembre 1946*

Poitiers, le 7 novembre

136 Eiche est une localité de Potsdam, ville limitrophe de Berlin.

Faux départ.
J'avais mis la date de ma lettre à Poitiers, mais je la fais à La Rochelle… et ceci parce que la bibliothèque où je travaillais ferme à 6 heures au lieu de 6 heures et demie comme je pensais.
Enfin, peu importe. Ce soir ma lettre sera très courte, car je tombe de sommeil. Écoute plutôt : mercredi soir je me couchai à 23 heures pour me lever à 5 heures. Je partis pour Poitiers, courus de-ci de-là, pris mes inscriptions à la Faculté. Je ne pus repartir que dans la nuit à 3 heures (car il n'y avait pas de train dans ma direction entre 16 heures et 3 heures du matin), j'arrivai à 8 heures. Déjeuner rapide ; à 9 heures je reprenais mes cours et justement aujourd'hui journée exceptionnellement chargée : 5 heures de cours et 4 heures de leçons particulières ! Enfin tout est terminé, j'ai dîné (mieux qu'à midi où j'ai déjeuné en 15 minutes) et je savoure déjà la joie merveilleuse de m'étendre au lit.
Pourtant, auparavant, je veux venir vers toi. Mais toi, quand viendras-tu réellement vers moi ?
J'ai reçu la lettre de la préfecture. Pour nous marier, il ne nous faut que les pièces ordinairement demandées ici en France, plus, pour toi, une autorisation accordée par le préfet, autorisation que tu demanderas aussitôt ton arrivée en Charente-Maritime. Quant aux pièces ordinaires je vais, après-demain, demander exactement lesquelles sont nécessaires et, dès lundi ou mardi, je t'écrirai à nouveau en te donnant tous les renseignements.
Mais déjà, avant que tu sois arrivée, j'ai besoin de toi pour mon travail. Tout d'abord, je crois avoir fait une bêtise en prenant mes certificats : en effet, sur 18 étudiants en licence d'allemand, 15 sont lorrains ou alsaciens et comprennent parfaitement l'allemand (c'est presque leur langue maternelle). Enfin, je suis parti maintenant et je continue. J'espère malgré tout que, grâce à toi, je mènerai l'affaire à bien !
J'ai déjà une version, un thème et une dissertation.
La version est assez facile : « *Antike und deutsche Kunst*[137] » *von* Ernst Curtius[138].
Mais le thème est pour moi beaucoup plus difficile. Je te l'envoie et, si tu crois pouvoir me le renvoyer avant de venir toi-même, fais-le ; sinon nous le ferons ensemble. Le voici : « Le concert de Cécile » (l'auteur du texte est Georges Duhamel).

137 L'art antique et allemand.
138 Ernst Curtius (1814-1896) est un archéologue et historien classique allemand.

Le concert de Cécile eut lieu deux ou trois jours plus tard, par un clair dimanche d'automne. Je revois une salle immense, éclairée de mille visages. Nous étions dans une loge sur le côté du théâtre. Des hauteurs tombait un brouhaha de conversations passionnées. Parfois un léger papier plié en deux en forme de flèche prenait son vol, traversait lentement l'espace et venait, aux applaudissements des galeries, atterrir sur la scène encombrée d'une légion de pupitres et d'instruments.
Les musiciens entrèrent. Je ne saurais dire ce qu'ils jouèrent tout d'abord. Cécile parut enfin. Elle était extraordinairement petite, et je fus saisi de peur. Ce n'était pas la servante des dieux mais une mince et blanche fillette perdue parmi les habits noirs. Le chef d'orchestre, un homme à barbe grise, lui tendit gracieusement la main. Elle vint sur le devant de la scène, s'assit et regarda la foule. Tous les musiciens applaudirent. La salle, entraînée, agitait des milliers de mains.
Ce n'était plus le temps de défaillir, mais de vivre. Le chef d'orchestre donna deux ou trois coups de baguette. Un large silence régna. Les musiciens partirent, puis, tout à coup, j'entendis Cécile.
Qui donc ne voit sur scène qu'une maigre fillette en blanc ? C'est une femme, c'est une fée, c'est la musique, la musique sublime et familière, la musique enfin descendue parmi nous. Elle est libre, attentive, exacte. Elle va, vient, vole, s'arrête, donne à chacun ce qu'il mérite, s'attriste avec le malheureux, s'enivre avec l'homme comblé. Puis, soudain, d'un grand coup de jarret, elle s'élance au ciel en soulevant tout le monde.
Et, surtout, la dissertation, bien difficile, suivante (une dissertation est un long discours où l'on démontre quelque chose) : « *Der historische Hintergrund in Herman und Dorothea (Goethe) ; seine Schilderung und dichterische Verwertung*[139] ». Penses-y, vois si tu peux trouver quelque chose là-dessus et, si tu as le temps, envoie-moi ce travail : cela m'aidera beaucoup !
Autre chose encore : rassemble tout ce que tu trouveras d'intéressant sur Goethe, Schiller et Lessing (par exemple, comment Lessing a contribué à la naissance du *Faust*[140] de Goethe).

139 Le contexte historique chez Herman et Dorothea (Goethe); sa description et son utilisation poétique.

140 Faust est le titre de deux pièces de théâtre de Johann Wolfgang von Goethe de 1808 et 1832.

Trouver une bonne édition du *Faust* de Goethe et de *Gedankenlyrik*[141] de Schiller.
Enfin, et c'est essentiel, une littérature allemande : soit celle de Scherer « *Geschichte der deutschen Literatur* [142] » ; elle est, je crois, complétée par celle de Walzel : « *Die Deutsche Dichtung seit Goethes Tod* [143] », soit celle de Vogt *und* Koch[144]. Enfin, quelle qu'elle soit, une bonne littérature allemande !
Tu vois si j'ai des choses à te demander. Renseigne-toi si tu peux faire expédier ces livres directement de Berlin à mon adresse (demande aux bureaux français). Sans doute, tu ne les trouveras pas à l'état neuf : c'est sans importance ; achète-les, si tu peux, d'occasion.
À bientôt, *Gerdalein* chérie.
Je me réjouis déjà du travail que nous pourrons faire ensemble... mais hâte-toi de venir : dans six semaines, ce sera Noël !

André

62. *Mardi 19 novembre 1946*

Saintes le 19-11-46

Gerdalein,
Où es-tu en ce moment ? Je ne sais quand tu vas venir. Arriveras-tu bientôt ou bien ne viendras-tu qu'aux environs de Noël ?
Je tremble que tu n'oublies quelqu'une des pièces nécessaires à notre mariage ! Surtout ne te charge pas trop. Tes effets personnels et c'est tout ce qui t'est nécessaire : nous trouverons toujours ici, tant bien que mal, de quoi compléter. Les premiers temps seront peut-être durs, mais nous avons vécu des moments plus pénibles encore, et nous étions heureux !
Je traverse en ce moment une période assez fatigante : période de « compositions », aussi ai-je beaucoup de corrections à faire. De plus, je dois écrire un peu partout pour essayer de trouver quelques livres afin de travailler mon allemand. Les livres sont rares ici. Si tu n'es pas partie lorsque ma lettre te rejoindra, essaie donc de me trouver les œuvres de

141 « Poèmes philosophiques » de Friedrich (von) Schiller (1759-1805).

142 Histoire de la littérature allemande.

143 La poésie allemande depuis la mort de Goethe.

144 Vogt F. & Koch M. (1897) : *Geschichte der deutschen Litteratut von den ältesten Zeiten bis zur Gegenwart.* (Histoire de la littérature allemande depuis les temps les plus anciens jusqu'à nos jours).

Goethe, de Schiller et de Lessing, ainsi qu'une bonne littérature allemande. Je t'ai déjà parlé de tout cela dans ma dernière lettre.
Tout ce soir j'ai écrit d'un côté et de l'autre pour essayer d'obtenir quelque chose. Maintenant, j'ai envie de dormir. La cadence des journées de 17 heures a repris. Mais, lorsque tu seras là, nous travaillerons ensemble et tout ira mieux.
J'ai reçu une réponse de M. Gay et, très rapidement, je te l'ai communiquée il y a quelques jours. J'ai parlé, il y a quelques jours, avec un jeune homme qui travaille aux bureaux français de Frohnau, mais notre entrevue a été tellement rapide que je n'ai pu lui donner le moindre mot.
Depuis ta lettre du 4-11-46 (qui date donc de quinze jours) je n'ai rien reçu de toi et j'attends !
Je n'ai encore rien organisé, je ne veux rien préparer pour l'instant. Quand tu seras ici, nous aviserons et nous trouverons bien un moyen de nous débrouiller.
Gerda chérie, je t'attends, peut-être partiras-tu après-demain, peut-être dimanche prochain seras-tu ici ? Mon Dieu, comme tout cela serait merveilleux. Excuse-moi, *Gerdalein*, mais je tombe de sommeil.
À bientôt : je t'aime et je t'attends.

André

Jalonnement

Structures éditoriales du groupe L'Harmattan

L'Harmattan Italie
Via degli Artisti, 15
10124 Torino
harmattan.italia@gmail.com

L'Harmattan Hongrie
Kossuth l. u. 14-16.
1053 Budapest
harmattan@harmattan.hu

L'Harmattan Sénégal
10 VDN en face Mermoz
BP 45034 Dakar-Fann
senharmattan@gmail.com

L'Harmattan Cameroun
TSINGA/FECAFOOT
BP 11486 Yaoundé
inkoukam@gmail.com

L'Harmattan Burkina Faso
Achille Somé – tengnule@hotmail.fr

L'Harmattan Guinée
Almamya, rue KA 028 OKB Agency
BP 3470 Conakry
harmattanguinee@yahoo.fr

L'Harmattan RDC
185, avenue Nyangwe
Commune de Lingwala – Kinshasa
matangilamusadila@yahoo.fr

L'Harmattan Congo
67, boulevard Denis-Sassou-N'Guesso
BP 2874 Brazzaville
harmattan.congo@yahoo.fr

L'Harmattan Mali
ACI 2000 - Immeuble Mgr Jean Marie Cisse
Bureau 10
BP 145 Bamako-Mali
mali@harmattan.fr

L'Harmattan Togo
Djidjole – Lomé
Maison Amela
face EPP BATOME
ddamela@aol.com

L'Harmattan Côte d'Ivoire
Résidence Karl – Cité des Arts
Abidjan-Cocody
03 BP 1588 Abidjan
espace_harmattan.ci@hotmail.fr

Nos librairies en France

Librairie internationale
16, rue des Écoles
75005 Paris
librairie.internationale@harmattan.fr
01 40 46 79 11
www.librairieharmattan.com

Librairie des savoirs
21, rue des Écoles
75005 Paris
librairie.sh@harmattan.fr
01 46 34 13 71
www.librairieharmattansh.com

Librairie Le Lucernaire
53, rue Notre-Dame-des-Champs
75006 Paris
librairie@lucernaire.fr
01 42 22 67 13

www.ingramcontent.com/pod-product-compliance
Lightning Source LLC
LaVergne TN
LVHW011955220826
846092LV00001B/188

* 9 7 8 2 3 4 3 2 4 8 9 7 4 *